なるにはBOOKS
教科と仕事

国語の時間

学校の学びを社会で活かせ!

松井大助　漆原次郎 著

ぺりかん社

国語の時間　目次

［装幀］図工室 ［カバー・本文イラスト］山田タクヒロ ［写真］松井大助・漆原次郎

本書に登場する方々の所属などは取材時のものです。

プロローグ

国語が好きな人、得意な人へ

誰《だれ》に対してどのように言葉を使っている？

国語が好き、とは、どういうことだろう？

いきなりこんな話から始めても、国語が好きな人のなかには、しばらくは付き合ってくれそうな人が多い気がしているのだけれども、どうだろう。

さて、国語の授業では、いわば「日本語《にほんご》という言葉」の使い方をみがいていくわけだが、そもそもあなたの中では、言葉をどのように使うことが好きなのだろう？

言葉を使って発信すれば、自分の考えを人に届けやすくなる。また、相手の言葉をきちんと受けとめれば、その人の心情も段々とつかめてくる。そんなふうに、自分をわかってもらおうとして、相手のこともわかりたいと思い、コミュニケーションを取ってよりよい関係を築くために言葉を使う、というのが好きなんだろうか。

言葉というのは、一人でもの思いにふけるときにも使える。頭の中にぼんやりとあるものに、言葉をあてがうことで、考えがまとまったり、自分の気持ちが見えてきたりするように。また、言葉で表現された古今東西の作品にふれることで、ハッとさせられたり、元気をもらえたりすることもある。そんなふうに、自分の中の世界をより豊かで深みのあるものにするために言葉を使う、というのが好きなんだろうか。

一方で、自分が言葉を使って表現することで、周りにいる人や、時空を超《こ》えた人に、気づきをもたらしたり、はげましを届けたりすることができる可能性もある。そんなふうに、誰《だれ》かに何かを届けるために言葉を使う、というのが好きなんだろうか。

社会の中で言葉を使ってできることは

言葉というのは考えれば考えるほど不思議なもので、私たちはいつも言葉に縛《しば》られているようにも思うし、言葉に助けられているようにも思う。その言葉を使うことで、社会の中ではどんな立場の人が、どういう人間関係を築いたり、どのような人間性を育んだり、誰《だれ》に何を届けたりしているのだろう。次章からはそのことを紹介《しょうかい》したい。

国語が嫌いな人、苦手な人へ

読むこと、書くこと、話すこと、聞くことに、好きな部分はない？

あなたは国語のすべてが嫌《きら》いなんだろうか。読み書きは嫌いでも、話すのは好きだったり、話すのは苦手でも聞くのは得意だったりと、好きな部分もないだろうか。そこを軸《じく》に、11ページのどれかの活動に挑《いど》めば、国語の力を存分に使う未来もありそうだ。

もちろん、国語は全部苦手という人もいると思う。そんなあなたは、12ページにあげた「日本語以外の表現や思考の手段」のほうが得意かもしれない。ただ、それらが得意な人と、国語が得意な人は、別々の世界に分かれるわけではなく、むしろ社会の中では、力を合わせて何かを「創造」したり「問題解決」したりしていくものだ。

だから、ひとまず国語の力を使って社会で何ができるか、確認してみよう。そこにみずから挑戦するか、自分の得意分野で協力すれば、あなたの世界はきっと広がる。

■読む・聞く・書く・話すことで行うおもな活動

- 調べる（読む or 聞く）
- 質問する（聞く ＋ 話す）
- 分析する（書く or 話す）
- 説明する（書く or 話す）
- 主張する（書く or 話す）
- 発表する（話す ＋ 書く）
- 創作する（書く or 話す）
- 演じる（話す ＋ 読む）
- 話し合う（話す ＋ 聞く）
- 相談にのる（聞く ＋ 話す）

※吹き出しはその行為をするときによく使われる国語の力

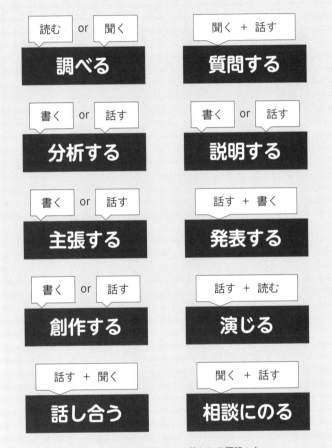

■日本語以外の表現や思考の手段

外国語

日本語とは違《ちが》う表現や
思考プロセスが可能に

数学

数式や図形、グラフで
考えたり、表現したり

美術

絵や写真、映像などで
伝え合う、響《ひび》き合う

音楽

言葉にならない感情を
音楽で伝えられる面も

身体感覚

体を動かして覚えたり
体の動きで表現したり

表情

表情で伝えたり
表情を読み取ったり

服飾・化粧

衣服や装飾品《そうしょくひん》、化粧《けしょう》で
人の魅力《みりょく》を引き出す

味・香り

元気を与《あた》えるものから
癒《いや》しを与《あた》えるものまで

※ビジネスやエンターテインメント、総合芸術の商品や作品は
これらと「日本語による表現や思考」を組み合わせたものが多い

1章

物語をつくる

INTERVIEW

児童文学作家

小説をつくり出して、人びとを本の世界とつなぐ

こまつあやこさん

大学を卒業し、図書館の司書に。小説『リマ・トゥジュ・リマ・トゥジュ・トゥジュ』で講談社《こうだんしゃ》児童文学新人賞を受賞し、子どもたちに物語を届ける児童文学作家になる。その後も小説の作品をつくり続けている。

「作家になりたい」思いを胸に

幼稚園《ようちえん》児のころから本が好きで、小学生になるとみずから文を進んで書いた。「頭の中であれこれ思いをめぐらせ、それを形にして、まわりの人に読んでもらうのが楽しかった」とこまつあやこさんは話す。中学3年生になると、毎日児童小説コンクールに「サンタクロースがかぜひいた」という作品で選ばれた。

このころにはすでに「作家になりたい」という思いがはっきりあった。「けれども現実的でないとも思っていました。好きで多くの時間を過ごしてきた図書館で働きながら、作家デビューをめざせたらいいなと考えていました」

大学生のとき、図書館で本や資料を管理し、利用者に対するサービスを行う司書の資格を得た。卒業後、街の図書館で司書として働き始めた。

賞に選ばれ、作家デビュー

仕事が休みの日は、作家になるために小説を書いた。作家への道として、文学賞に応募《おうぼ》し、優秀《ゆうしゅう》な賞に選ばれるといったものがある。こまつさんが応募《おうぼ》しようと考えながら書いたのが、『リマ・トゥジュ・リマ・トゥジュ・トゥジュ』。マレーシアからの帰国子女の中学生を主人公とした小説だ。タイトルはマレーシア語での「五七五七七」。登場人物たちが抱《いだ》く思いを31字の短歌で表していく。「寝る前に頭につめた公式も夢《ゆめ》の出口に着くころにルパ」といったように（「ルパ」は「忘れる」の意味）。

「優れた作品がすでにたくさんある中で、どうしたら賞に選ばれて作家デビューできるか。オリジナリティーを出すため、習っている短歌と、家族旅行で好きになったマレーシアを組み合わせて、自分しか書けない物語をつくろうと考えました」

こまつさんは、始まりと終わりのシーンを定めつつ、その途中《とちゅう》は書いては直す作業を積みかさねていった。半年後、講談社児童文学新人賞に応募《おうぼ》した。

「二次選考を通過するとホームページに名前が出ます。そこまで行けば、はげみになると思っていました」とこまつさん。実際は、賞を担当する講談社の編集者から、最終選考まで進んだと連絡《れんらく》を受ける。そして最終選考の日。将来の夫と食事をしていると電話が。「こまつさんに決まりました」と編集者に告げられた。

「うれしさと、こんなこと人生に起きるんだという驚《おどろ》きとで、返事をするにも声が震《ふる》えていたと思います」

仕事場で小説を執筆中のこまつさん

2018年、本になった『リマ・トゥジュ・リマ・トゥジュ・トゥジュ』が書店や図書館の棚《たな》に並《なら》んだ。「私が読んできた作家の方々と同じ棚《たな》に本が置かれるのは、誇《ほこ》らしくもあり、おそれ多くもありました」

悩《なや》んでつくりあげた2作目

作家という仕事を続けていくには「2作目が大切」といわれる。こまつさんも、つぎの作品をどうするかで「悩《なや》んだ」と言う。題材を考えた末に、「生け花部」という部活動や「実況《じっきょう》アナウンス」などを取り入れることにした。生け花には興味があったが、登場人物の生け花部での活動を生き生きと書くには、みずからの体験が必要と考え、生け花教室に通った。また、主人公が脳内で行う実況《じっきょう》を言葉で表すため、競馬実況《じっきょう》アナウンサーをめざす知り合いと競馬レースを観に行ったりもした。さらに、文化祭での「生け花ショー」をモチーフとするため、「全国高校生花いけバトル」を取材したりもした。

「いろいろと得たうち、どれを盛《も》り込《こ》むか。書いてみてどれを削《けず》るか。試行錯誤《しこうさくご》しました。書き直しを7回して、1年半がかりでつくりました。編集者さんが、ずっとあきらめずにいてくださいました」

こうして2作目の『ハジメテヒラク』を2020年に出版することができた。デビュー作と同じく読者から高い評価を受け、またこの本は、日本児童文学者協《にほんじどうぶんがくしゃきょう》会《かい》新人賞という賞も受けている。

昔《むかし》の自分に差し出せる物語を

その後も、『ポーチとノート』『ノレノレかるた 二人でつくる卒塾制作《そつじゅくせいさく》』という作品を出す。2022年には子どもにも恵《めぐ》まれ、夫婦で子育てをしながら、新たな作品に向けて取材や執筆《しっぴつ》をしている。

作家は、なぜ書くのか。その理由は作家それぞれだ。こまつさんは「何をする

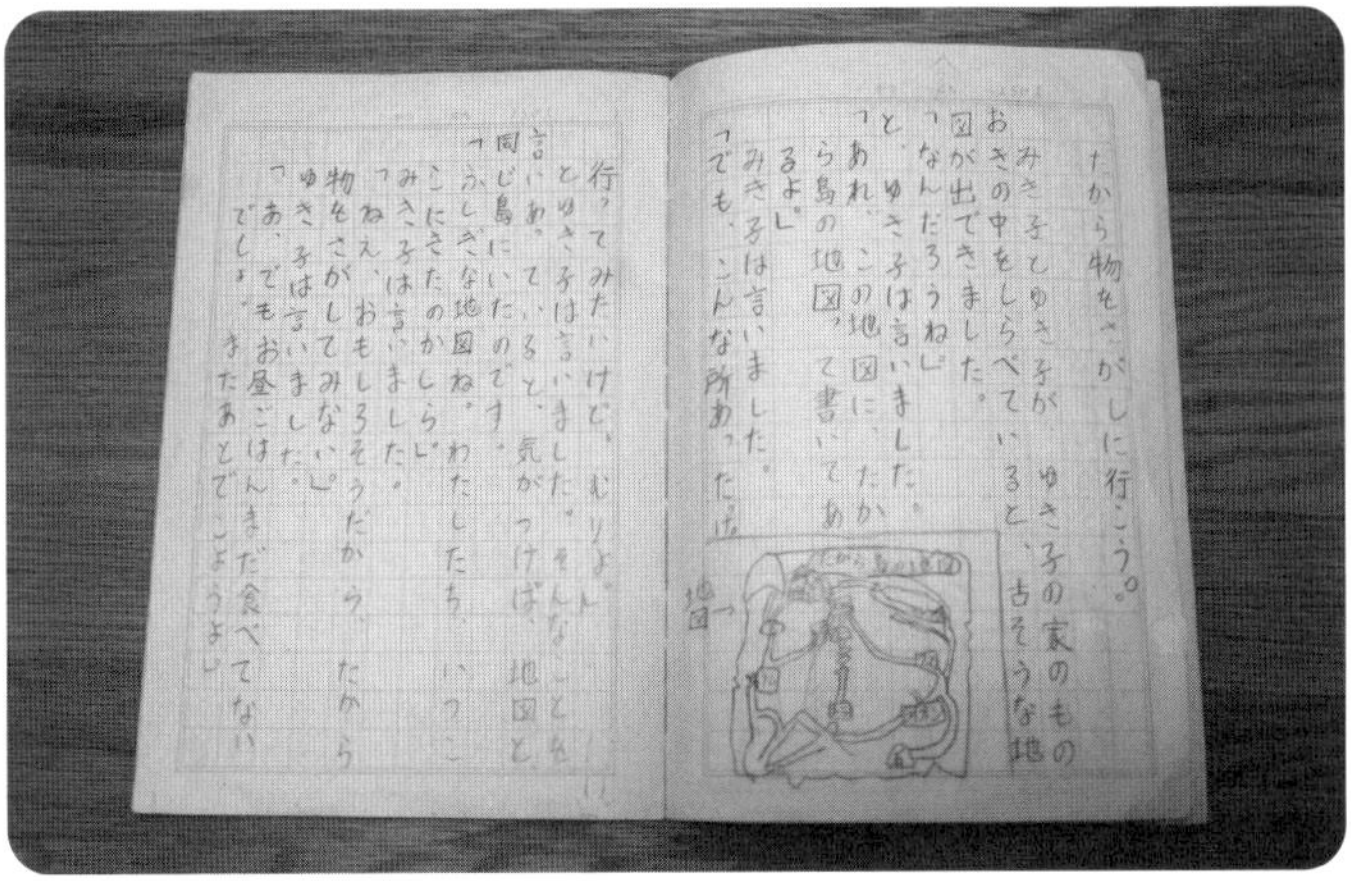

小学生のときに書いたこまつさんの作品

よりも書くことが、いちばん楽しいからです」と話す。「しかも、書いたものを誰《だれ》かが読んで喜んでくれるとしたら、こんなにすばらしいことはありません」

こまつさんは幼稚園《ようちえん》児のころに病気になり、入院して過ごす中、たくさんの本を読んで、読書の喜びを経験した。進路のことでつまずきそうになったときも、図書館が心地よい居場所になった。

「悩《なや》んでいた子どものころの自分に差し出せるような物語を書いていきたい。同じような気持ちを抱《かか》えている人がいたら、その人に本を手渡《てわた》したいという気持ちがあります」

こまつさんの昔と今の学び

Q どんな子どもだった?

友だちと自転車で図書館めぐりをしていましたね。お勧《すす》めの本を教え合ったりするのが好きでした。

Q 国語をどのように勉強していた?

現代文については、あまりテストのために勉強するといった意識をもたず、学校の日々の授業を受けていました。古文・漢文については、テストを意識した勉強もしていました。

Q 好きだった教科や活動は?

語学を学ぶことは好きでしたね。高校生のとき、英語はもちろんですが、フランス語の授業をとることができました。言語を学ぶことで、その言語が使われている国や地域の文化を学べることが楽しかったのだと思います。

Q 今は何をどう学んでいる?

小説の新作に取り組むごとに、題材にするものごとを学んでいます。エスペラント語という人工の国際語や、アラビア書道を習ったりもしています。学ぶことのおもな目的は小説を書くためですが、それ以外にも花の名前や咲く季節を知るなど、学ぶことで暮《く》らしが豊かになっているとも思います。

児童文学作家の専門性

Q どうすればなれる?

こまつさんのように文学賞などのコンテストに応募《おうぼ》し、優秀《ゆうしゅう》な賞を得ることで作家デビューする人は多い。賞に「大賞の受賞者は受賞作を出版できる」といったことが盛《も》り込《こ》まれていることも。近ごろは、誰《だれ》もがインターネット上で自分の書いたものを発信できるので、そこで出版社の編集者の目に留まり、本を出せることとなり作家デビューするということもありうる。

Q 何を勉強しておくとよい?

国語の教科書には、中学生・高校生のために選ばれた小説などの作品が多くある。教科書に出てくる作品を深く、表現が自然と浮《う》かんでくるまで読み込《こ》むといいだろう。

Q ほかに大切なことは?

教科書以外でも、自分の好きな作家の小説を読もう。そして、短編でもよいので小説を書いてみて、できればいろいろな人に読んでもらい、印象や感想を聞こう。大切なのは書くことだ。

めざせ、自分のレベルアップ!

書く経験

語彙力

AとBを結びつける力

PICK UP

生き方をより深くするための国語

「いつもいつもの日本語」は国語の学びでみがかれる

国語の授業はなぜあるのだろう。現代文、それに古典まで、なぜ学ぶのだろう。空気や健康のように、あって当たり前だから意識しないかもしれないが、私たちはいつも日本語を使っている。「いつも」とは本当に「いつも」だ。情報を得るときも、人に自分の思いを伝えるときも、考えごとをするときも、日本語を読み、聞き、書き、話し、思い浮《う》かべているのだ。夢《ゆめ》の中でも日本語を使っている。生まれたときから自然に身につけてきた日本語をこれからも一生、使っていくことになる。

たしかに国語を習わなくても、しゃべることはできる。でも、**日本語を使う人として、より上手に生きる、そしてより深く生きるために、きちんと練られているのが国語という教科だ。**

熟語で表現豊かに、文法で言葉をきれいに

こまつさんは、中学・高校時代の国語の授業が「好きだった」。教科書で『羅《ら》生門《しょうもん》』（芥川《あくたがわ》龍《りゅう》之《の》介《すけ》著）にふれ、「登場人物はこの先どうなるのか」と思いをめぐらせた。詩歌では百人一首に対して「今も昔《むかし》も人の気持ちはいっしょなんだ」と感じた。何より作文が「自分の考えを表現できるから」好きだったという。

受験に向けて四字熟語や文法も勉強したそうだ。自分が自然に使える言葉が多ければ多いほど書くときの表現は豊かになるし、文法を知っていればいるほど言

葉づかいはきれいになる。これらの力はこまつさんのような作家はもちろん、どんな職業にでも役立つと言い切れる。なにせ、言葉や文を使わない仕事はないのだから。そんな仕事力を授業で先生から学べるのだから、国語の授業を活かさない手はない。

自分を「深い人間」にする古典の学び

古典を学ぶことに意味を見出せない人もいるのではないだろうか。作家であっても、古文や漢文を使わないで小説を書ける。まして、多くの職業の人は、古典を習っても意味がないのではと感じるかもしれない。

でも、ちょっと考えてほしい。毎回の古典の授業を通じて、じわじわ自分の身に蓄《たくわ》えられていくものはないだろうか。万葉集《まんようしゅう》などの歌、あるいは「おくのほそ道」のような随筆《ずいひつ》一つひとつにふれるごとに、「昔《むかし》のお父さんも好きな奥《おく》さんや子のことを大事にしていたんだ」とか「過ぎてはやってくる時を旅にたとえることもできるんだ」などと感じられる。**言葉を通じて得られるそれらの感動や知識は、すこしずつ自分の考え方や日本という国の見え方のもとになっていく**に違《ちが》いない。

■ちょっとずつ「自分の深み」が増していく

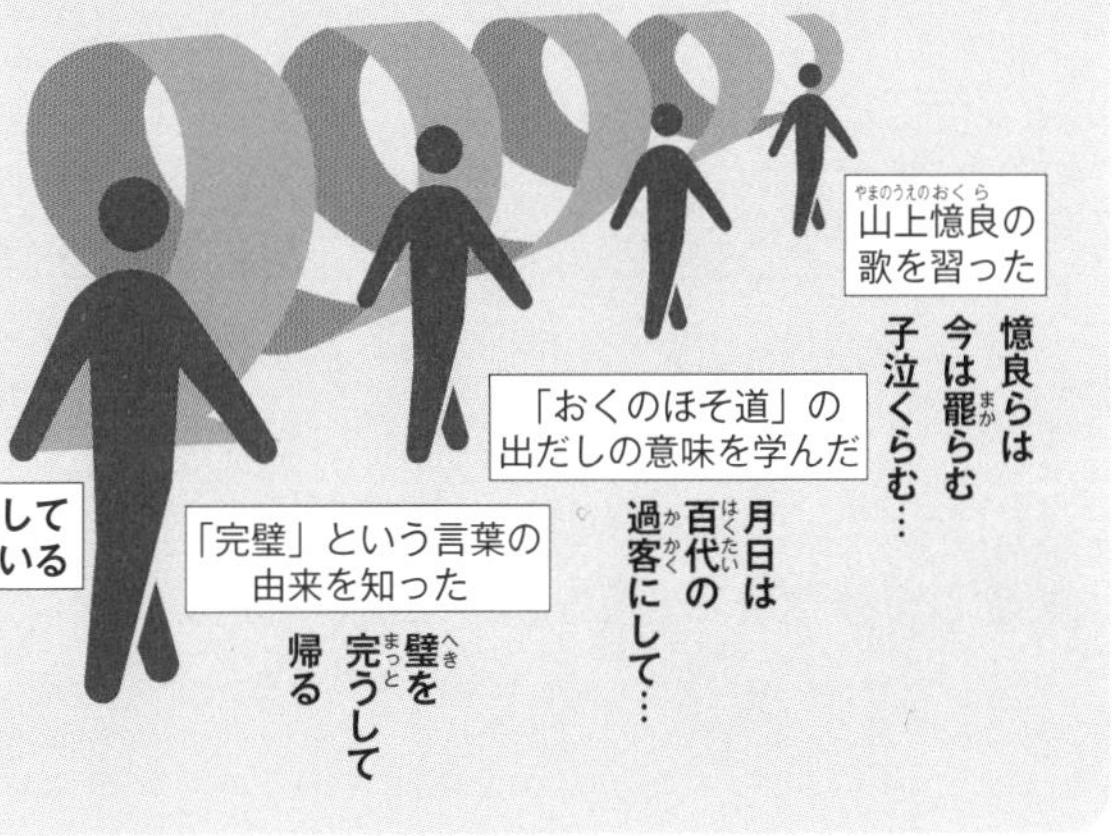
山上憶良《やまのうえのおくら》の
歌を習った
憶良らは
今は罷《まか》らむ
子泣くらむ…
「おくのほそ道」の
出だしの意味を学んだ
月日は
百代《はくたい》の
過客《かかく》にして…
「完璧」という言葉の
由来を知った
璧《へき》を
完《まっと》うして
帰る
このようにして
今の自分がいる

また、俳句・短歌にふれながら、「伝えたいことをここまで短く表せるのか」と感じたり、「五文字と七文字の言葉のまとまりには心地よいリズムがあるな」と感じたりできるだろう。それらは自分が仕事をする中で、メールの件名をつける、文書の見出しを考えるなどさまざまな場面で役立つはず。覚えておくには授業でたくさん感動することだ！

古典は、現代文に比べて直接的に役立つとはいえない。でも、**学べば学ぶほど自分を「深い」ものにできる。**その「深み」は自分にも、たぶん周囲の人にも心地よいものになるだろう。

文を書く編

ライター・記者

文を書くことで報酬《ほうしゅう》や給料を得る人たちを広く指す。ただし、小説などのフィクションをつくる人は通常、含《ふく》めない。つくる記事のテーマにくわしい人に取材をして書くことが多い。自分のサイトを立ち上げて執筆《しっぴつ》の依頼《いらい》を待ったり、編集者と知り合いとなり仕事をもらうことが、仕事の始め方として多い。

翻訳家《ほんやくか》

外国語の本や記事を日本語にする。外国語の語学力以上に日本語力が重要といえる。

作詞家

歌につける言葉をつくる。歌を聴《き》く人びとを感動させる表現を短い言葉で考える。

詩人

詩をつくり発表する。つくった詩を詩集などの本として出版することで報酬《ほうしゅう》を得る。

放送作家

テレビやラジオの番組の企《き》画《かく》や内容を考え、出演者らに伝わるよう文などに表す。

こんな仕事もある!

編集者

本や記事などをつくるための材料を集め、まとめる。作家、ライター、翻訳《ほんやく》家といった書き手に、その材料を書いてつくってもらう。書き手のパートナー的存在。企画《きかく》を立てたり、原稿《げんこう》を手直ししたりするほか、ときに取材の準備をしたり、書き手に原稿《げんこう》を催《さい》促《そく》したり、仕事の内容は幅広《はばひろ》い。出版社の社員であることが多い。

脚本《きゃくほん》家

映画やドラマのもととなるセリフや動作などを文で表した脚本《きゃくほん》をつくる。

コピーライター

広告の文をつくる。宣伝する商品やブランドをいかに印象づけるかがポイント。

ジャーナリスト

記事づくりを通じて、社会を自分の叶《かな》えていきたい状《じょう》況《きょう》に変えていく。

ＳＦプロトタイパー

サイエンスフィクション（ＳＦ）の発想や創作で未来社会のあり方を提案する。

10代の挑戦！ 文を書く編

❶ 書く、書く、書く

とにかく書こう。自分の好きなこと、読んだ本の感想、気になっていること、どんなことでもいい。書くことの回数が増えてくると「自分のもの」になる感覚を得られる。ほかの人が見てもいい内容であれば、SNS に投稿《とうこう》することもできる。ただし、誰《だれ》にでも読まれてしまうから、トラブルには気をつけよう。

❷ 好きな文章を書き写してみる

読んでいて、「なんかいいな！」と感じた文を書き写してみよう。できれば手書きで。「自分の表現リスト」に仲間入りさせられる。段落まるごとか、せめて前後の文を含《ふく》めて書き写すと、どう使ったらよさそうかがわかってくるので、なおいい。

❸ 五七五や五七五七七で表してみる

俳句や短歌をつくってみると、自分の言いたいことをコンパクトに相手に伝わるようにするには？　といろいろ考えることになる。使ったことのない言葉も試そうともする。短い文で伝わることは、どんな仕事でも大切なことだから、試行錯誤《しこうさくご》した経験は、いろいろな場面で活かされていくだろう。

2章

声で表現する

INTERVIEW

声優

取材先提供

アニメやゲームのキャラ、映画の吹替などを演じる

ヴィムス

鈴《すず》木《き》崚《りょう》汰《た》さん

高校で放送委員会に入り、２年生から声優養成所にも通う。３年生のときに声優事務所ヴィムスに所属。アニメやゲームのキャラクターを演じるほか、海外映画・ドラマの吹替《ふきかえ》、ラジオのパーソナリティー、朗読劇などでも活躍《かつやく》。

アニメの世界に入り込《こ》んで

人気アニメ『Dr. STONE』で途中《とちゅう》から登場し、船長として大活躍《だいかつやく》する七海龍《ななみりゅう》水《すい》。その声を演じているのが、声優の鈴木崚汰さんだ。初登場の回では、主人公たちと3人で気球に乗り込《こ》み、上空から朝日に照らされた大地を眺《なが》めるシーンや、巨大《きょだい》な積乱雲に飲み込《こ》まれ、気球に穴が開く中で、知恵《ちえ》を出し合って活路を見出すシーンを全力で演じきった。

「龍水は熱い思いをもった豪快《ごうかい》なキャラクター。ふだんからテンション高めですが、冒険《ぼうけん》の場面が続き、命の危機のアクシデントまで起こり、どんどんギアをあげていく回でした。豪雨《ごうう》の中で仲間に声を届けないといけなくて、僕《ぼく》らの熱量もあがりっぱなし。『自分はここまで突《つ》き抜《ぬ》けられるんだ！』という発見があって、終わったあとの達成感と疲労《ひろう》感がすごかったです（笑）。楽しかったなあ」

高校で熱中した放送委員会

スポーツ少年だった鈴木さんは、中学生のときに、アニメのもつ「そこにしかない世界観」にはまった。声優という職業も知り、興味をもった。でも、まだめざそうとは考えていなかった。

転機となったのは、中学3年生のときに、志望する高校の陸上部の体験入部に行ったことだ。あいにくの雨で、説明だけで解散となったが、そのときの校内放送がプロのようにうまくて、気になった鈴木さんは、アナウンスをしていた放送委員会も見学。声で表現することを自分でも体験し、一気にひかれていく。

だから志望校に合格すると、陸上部と放送委員会の両方に入った。そして1年生にして、NHK杯全国高校放送コンテスト（Nコン）朗読部門で、全国大会準決勝に進出！ うれしさと、決勝に進めなかった悔《くや》しさを味わった鈴木さんは、陸上部を辞めて放送委員会一本に絞《しぼ》り、2年生からは休日に声優養成所にも通い、本格的に声の道をめざすようになる。

だが、ものごとはとんとん拍子《びょうし》には進まない。2年生のNコンは県大会で敗退。3年生のNコンは、全国大会準々決勝で、あこがれの先輩《せんぱい》を真似《まね》て本を手に朗読するスタイルで挑《いど》んだら、慣れていなかったので2回も噛《か》み、「終わった」と涙目《なみだめ》になった。かろうじて、最下位で通過できたようで、準決勝へ。さらに決勝へ。

結果発表。優勝者として名前が呼ばれ、ステージにあがった。「ダサいとこ見せられない」と泣くのをこらえた。閉会と

鈴木さんが声を演じた豪快なキャラ・七海龍水

なり、幕が下りた瞬間《しゅんかん》、涙《なみだ》があふれた。

声優としてステップアップ!

高校2年生から通った声優養成所には、事務所のオーディションを兼《か》ねた進級審《しん》査《さ》が毎年あった。鈴木さんはこのチャンスをものにし、3年生のときに声優事務所のヴィムスに所属、新人声優として活動し始める。初期の仕事で覚えているのはアプリゲームのワニ役。「ガオー!」と叫《さけ》ぶタイプや、「ガウ」と返事をするタイプなど、複数の声を収録した。

最初のテレビアニメの仕事は『機動戦士ガンダム 鉄血のオルフェンズ』の鉄《てっ》

華団《かだん》団員B。短いセリフだったが、好きな声優の先輩《せんぱい》たちに出会えて心躍《おど》った。

　出世作といえるアニメが『かぐや様は告らせたい～天才たちの恋愛頭脳戦～』だ。名門高校の生徒会メンバーがくり広げる学園恋愛コメディーで、鈴木さんは根暗な会計担当、石上優《いしがみゆう》を演じた。

「声優同士の『掛《か》け合い』で生まれるものがあることを実感した作品でした。相手の演技にのせられて、その表現を超《こ》えようとして言葉を返すと、さらに上回るものが返ってくる。そのやり取りがおもしろいな、と思うようになりました」

　役を演じた石上が過去の傷を乗り越《こ》える回もあり、「感情をのせた表現」を学ぶことのできた作品でもあった。

オーディションを突破《とっぱ》して

　ただ、仕事はまだ順調とはいえなかった。作品に出演するには、自分の音声を送るテープ審査《しんさ》や、スタジオオーディションを通して、監督《かんとく》やプロデューサーに選ばれないといけない。声優5年目、22歳《さい》ごろにはオーディションになかなか受からない時期があり、辞めることも頭をかすめるほど落ち込《こ》んだという。

　そのときにめぐってきたのが、アニメ『錆喰《さびく》いビスコ』のオーディションだ。

『かぐや様は告らせたい』は声優の醍醐味を学んだ作品だ

原作の小説を読み、その世界に魅了《みりょう》された鈴木さんは「絶対ビスコをやりたい」と思って選考にのぞんだ。そして、自身初となる主役についに選ばれた！

以降は別作品の主役も決まり、『Dr.STONE』の七海龍水役にも抜擢《ばってき》され、さらに高校時代から親しんだ「朗読」の仕事も増えるなど、演じる役の幅《はば》も、活動の幅《はば》も、着実に広がっている。

「今の目標はカメレオンのような声優になることです。作品ごとに、声もキャラもまったく違《ちが》うような。いろいろな表現ができて、なんにでもなり代われる声優になれたらいいなと思っています」

鈴木さんの昔と今の学び

Q どんな子どもだった?

幼少期から空手、水泳、陸上と運動ばかりしていましたが、中学生のときに友だちの影響《えいきょう》でアニメにはまりました。

Q 国語をどのように勉強していた?

高校の放送委員会の活動が、国語の勉強にもなりました。朗読のために文章を「心情」「情景」「セリフ」に分けてとらえることで理解しやすくなったんです。声の表現としては、発声練習はもちろん、アクセント辞典を持ち歩き、わからない単語があれば調べるようにしていました。

Q 好きだった教科や活動は?

運動と、やはり放送委員会の活動です。朗読のほか、アナウンスとそのための取材や原稿《げんこう》づくり、番組制作も経験。「伝えるってどういうことか」を仲間といっしょに考えていました。

Q 今は何をどう学んでいる?

アニメやドラマ、映画を観て、自分の表現の参考にしています。恋愛心理学とかも好きで、動画で楽しんでいます。たとえば、どんな声のトーンや話し方だと相手に響《ひび》くのかといったことが、取り調べの天才役を演じたときにたいへん役立ちました。

声優の専門性

Q どうすればなれる?

選考をくぐり抜《ぬ》けて声優養成所に入り、声の表現を学び、つぎに事務所の所属オーディションを突破《とっぱ》して声優になるのが一《いっ》般的《ぱんてき》だ。所属後も、アニメ作品などのオーディションに挑《いど》み、自分で仕事を開拓《かいたく》しないといけない。なお、養成所に入る年齢《ねんれい》は、中学から通う人もいれば、専門学校や大学で演技や教養を身につけてから通う人もいるので、自分次第だ。

Q 何を勉強しておくとよい?

国語における言葉の勉強はもちろん、さまざまな知識が役立つ。たとえばアニメ『Dr. STONE』では、科学の力を使って世界をめぐる。理科や社会の知識があれば物語に入りやすい。

Q ほかに大切なことは?

鈴木さんいわく「経験値」。勉強や遊び、恋愛、そこでの成功や失敗。芝居《しばい》には「その人の人生がのっかってくる」からだ。多彩《たさい》な役を演じるための「共感力」も大事だという。

めざせ、自分のレベルアップ!

言葉	経験値	共感力

PICK UP

声で思いを届け、演技もするための国語

聞き取りやすい声にする

声の表現を大事にしている職業はいろいろある。声優やアナウンサー、歌手はもちろん、演説をする政治家や、お客さまにプレゼンテーションをする会社員、学会で発表する研究者、子どもにお話をする保育士や学校の先生なども、声をうまく使って人をひきつけたり、相手に思いを伝えようとしたりしている。

みなさんも今後、仕事や生活の中で声をうまく活かしていけるように、国語の授業の音読や発表の中で、自分の声にみがきをかけていったらどうだろう？

そのためにやってみてほしいのが、「聞き取りやすい声」にする練習だ。声優の鈴木さんは、高校の放送委員会や声優養成所で、**発声や活舌をよくする**ために、39ページの図のような練習に日々取り組んだ。**姿勢をよくして声を前に飛ばす**ことも重要だ。

■ 発声や活舌の練習

【発声の練習】
・すーっと息を長く吐《は》き続け、8 秒、16秒、32秒と伸《の》ばす
・「あー」という声を出し続け、同様にタイムを伸《の》ばす

【活舌の練習】
・「あえいうえおあお」を 1 音ずつ区切り、腹式呼吸を意識して声に出し、それをくり返す
・「あいうえお」「いうえおあ」「うえおあい」……と一音ずつずらして声に出すことをア行からパ行まで行う

※上にあげたものは基礎《きそ》の基礎《きそ》。ほかにもさまざまな方法があるので、発声・活舌の練習の動画などを調べてみよう

特に座って話すときに背中が丸まっていると声がこもりやすいという。また、アナウンスや朗読では、多くの人にとって違和感《いわかん》のない**標準語のアクセントで言葉を発する**ことも必要になる（声優のように役を演じるときは、役柄《やくがら》に合わせて今っぽい平板なアクセントや地方特有のアクセントにあえてすることもある）。

会話でも音読でも感情を込《こ》める

「意味や感情が伝わる話し方」にすることも意識してみよう。「わかりました」という言葉を、語尾を下げて言うと納得した感じになり、「わかりました？」と

語尾を上げて言うと問いかけになるなど、同じことを言っても、**イントネーション（抑揚《よくよう》）**によって相手に伝わる意味や感情は変わる。また、多くの人は、なかば無意識に**伝える内容に合わせて話すスピードに緩急《かんきゅう》をつけ、声の強弱や間の取り方を変える**ことをしているものだ。「これこれこうで、だから、こうなんだ」と話すときは最後の大事な部分をゆっくりしゃべったり、「ここだけの話だけど」と相手の気をひくときは声をひそめたり。話術に長《た》けた人はこうした声の表現をより意識的に使っている。

表現への意識があるかないかで、もっと違《ちが》いが出るのが音読だ。人前で話すときは、言うことを飛ばさないように文章をつくっておいてそれを音読することがある。ところが、**音読をすると自然なしゃべりにならず、抑揚《よくよう》がなくてテンポも単調で眠気《ねむけ》を誘《さそ》う声、いわゆる棒読みになりやすい。**声優の鈴木さんは、高校生のときにそこがおもしろいと感じ、声の表現にのめり込《こ》んだという。音読のときこそ伝え方を工夫しよう。

自分ではない役になりきる

自分の作文を音読するときは、そこに込《こ》めた感情を自分らしい声で伝えればいいが、

■声の魅力《みりょく》を上げるためにできることは？

聞き取りやすい声にする
- 発声・活舌
- アクセント
- 声を出す姿勢
- 声の大きさ（応用→声の強弱を使い分けた話し方）
- 話すスピード（応用→緩急をつけた話し方）

話し言葉に意味や感情をのせる
- イントネーション
- 間の取り方
- 声の強弱を使い分けた話し方
- 緩急《かんきゅう》をつけた話し方

自分以外の役の声まで演じる
- 脚本《きゃくほん》や歌詞の言葉を手がかりに世界観を想像し演じる役への共感を高める
- 演者同士の掛《か》け合いで世界に入り込《こ》む

声優や歌手のように、自分ではない人を演じたり、歌詞に込《こ》めた感情を届けたりするときは、そうはいかない。**言葉を手がかりに想像力をはたらかせる**ことや、**文章を読み込《こ》んで自分以外の人の気持ちに共感していく**ことも求められる。

たとえば、がっしりとした人、きゃしゃな人、ケガをした人、恋をした人など、演じる人の体格や状態に合わせて声音を変えてみよう。自分とは性格も境遇《きょうぐう》もまるで違《ちが》う人を演じるなら、物語で描《えが》かれるセリフや行動、過去の事情から、その役の気持ちを理解し、上辺《うわべ》ではない、内からわき出た感情を言葉にのせていこう。

声の表現編

アナウンサー

テレビやラジオの番組で、ニュースの原稿《げんこう》や視聴者《しちょうしゃ》案内の原稿《げんこう》を、正確に聞き取りやすい声で伝える。番組によっては、司会やアシスタント、スポーツ実況《じっきょう》を務めることも。司会進行のほか、読み上げたニュースに対して自分の考えや解説まで伝える「キャスター」の役割を担うこともある。

ラジオパーソナリティー

ラジオ番組の司会進行を務める。みがいた声でイベントや式典の進行をすることも。

歌手・ラッパー

メロディーとリズムにのせた歌詞や、リズミカルな語りを自分の声で届けていく。

ナレーター

テレビやラジオの番組、ＣＭ、ＰＲ動画などで、ナレーション（語り）を務める。

動画・ライブ配信者

動画配信やライブ配信で人を楽しませる。ゲーム実況《じっきょう》などでは声の表現も重要に。

こんな仕事もある!

保育士・幼稚園教諭《ようちえんきょうゆ》

子育ての手助けや、子どもの学習支援《しえん》をする。保育士のおもな勤め先である「保育所」には、乳児から幼児までがいて、幼稚《ようち》園教諭《えんきょうゆ》の勤め先である「幼稚園《ようちえん》」には、3歳《さい》以降の幼児がいる。子どもと話すときは、話すスピードの緩急《かんきゅう》から声の強弱、表情や身ぶり手ぶりまで使って、伝えたいことを届ける。

大学教授

学生のために講義や対話による授業を行い、自分の研究成果を学会で発表もする。

俳優

演劇や映画、ドラマで役を演じ、言葉や表情、身ぶり手ぶりまで使って表現する。

政治家

いろいろな人の声に耳を傾《かたむ》け、政策を考える。議会や街角での演説も大事な仕事だ。

お笑い芸人・落語家

会話で魅《み》せる漫才《まんざい》、寸劇のコント、一人何役も演じる落語などで、人を笑わせる。

10代の挑戦！ 声の表現編

❶ 自分の声を採点してみる

国語の授業や調べ学習で、発表の機会があるときに、本番に備えて練習をしてみて、その自分の声を採点してみよう（たとえば41ページの図の項目《こうもく》について１～５で点数をつけよう）。先生や友人、家族に採点を頼《たの》むのもいい。低い評価になっても、「まだ伸《の》びしろがあるんだ！」とポジティブにとらえよう。

❷ 声の出し方を専門家から学ぶ

声の出し方を解説した動画を探したり、声の出し方をまとめた本を図書館で探したり、声優やナレーションの講座や養成所について調べたりして、声の表現の奥深《おくぶか》さを知ろう。

❸ 世の中の「声の使われ方」に注目する

自宅や学校でも、出かけたときも、どこでどんな声がどのように使われているか、耳をそばだててみよう。幅広《はばひろ》い分野で「声」が大事な役割を果たしているということがわかれば、自分の声もおのずとみがきたくなるし、さまざまな分野でその声を活かしていけるはずだ。

3章

困りごとと向き合う

INTERVIEW

弁護士

取材先提供
(以下同)

相談ごとを理解して
依頼者に寄り添う

弁護士法人《べんごしほうじん》　菰田総合法律事務所《こもだそうごうほうりつじむしょ》

久富達也《ひさとみたつや》さん

大学と大学院で法律について学び、弁護士になるための司法試験に合格。１年の研修を経験したあと、匠《たくみ》総合法律事務所の弁護士に。2021年から菰田総合法律事務所に移る。企業《きぎょう》法務や相続についての法律などを得意としている。

社会のルールのしくみに興味をもつ

人から相談を受けるなどして、法律についてのさまざまな仕事を務めとしている人を弁護士という。社会で起こるさまざまなトラブルを解決するのが弁護士の仕事の目的だ。

福岡《ふくおか》県にオフィスのある菰田総合法律事務所で弁護士を務める一人が、久富達也さん。大学で、法律について学ぶ法学部に入った理由を、「社会のルールのおおもとである法律について、どういうしくみになっていて、どう使われるのかに興味があったのです」と話す。弁護士になることを考えるようになったのは、大学1年生のころ。本物の裁判と同じように、裁判官・検察官・弁護士の役目を大学生が演じる「模擬《もぎ》裁判」を大学のイベントで経験し、法律の世界で働くイメージをもった。親が弁護士の友だちや、すでに弁護士をめざしている友だちとふれあう中で、久富さんも弁護士になろうと志すようになった。

弁護士や裁判官、検察官になるには「司法試験」とよばれる国家試験に受かる必要がある。これらの職業をめざす人が試験に受かることをめざして学ぶ法科大学院に久富さんは進学し、2年間ひたすら勉強に打ち込《こ》んだ。「大学の4年間よりも実際の仕事に近い内容の授業を受けました。受験勉強では、法律や判例とよばれる過去の裁判所の判決の考え方を深く学び、その理解度を問うマーク式と、具体的な事案の解決のしかたを問う論述式の問題の両方に対応できるよう練習を積みました」

合格するのがむずかしい司法試験に久富さんは受かった。「はじめは実感がわきませんでしたが、時が経つにつれ、同じく受かった友人と話したりする中で合格の喜びが増していきました」と振《ふ》り返る。その後、決められた研修を1年にわたり受けたあと、弁護士としてデビューを果たした。

「家を建てたい」困りごとを解決

弁護士になりたてのころ、久富さんが解決をめざして担当した事案のひとつが、家を建てるときのトラブルだ。相談者から「今、住んでいる家の土地に、家を建てかえたい。おとなりさんの土地を使わせてもらわないと工事ができないが、土地を使わせてもらえない」と、困りごとを受けた。

「法律では、狭《せま》い土地に家を建てるとき、となりの土地を使わせてもらえることに

相談者の悩みにはじっくりと耳を傾ける

なっているので、その法律を根拠《こんきょ》に、工事期間中だけ使わせてもらえませんか？と、相談者の代理としておとなりさん側と交渉《こうしょう》しました」

時間はかかったが、ついに和解することができた。昼間しか工事を行わないなどの取り決めのもと、相談者の新しい家が建てられていくのを見届けられた。

「相談者が『これで両親といっしょの家に住めます』と喜ばれていました。大きな達成感を得ました」と話す。

自分の知識や能力で問題を解決できる

今、久富さんは菰田総合法律事務所で、

司法書士、社会保険労務士、税理士（いずれも58ページ参照）といった専門家とともに働いている。「相談者の困りごとを受けて、弁護士の法律の知識だけでは解決できない問題については、ほかの専門家たちとチームで当たっています」

たとえば、相談者から依頼《いらい》を受けて、土地や家などの不動産の取り引きを安全に行うための登記とよばれる手続きを代わりにするとき、久富さんが法律の知識を使ってスムーズに進むことをめざしつつ、登記できる書類の書き方であるかどうかを司法書士に確認してもらう。相談者が抱《かか》えている問題をすこしでもよい形で解決することをめざし、その手だてを考え、実際に行っていくわけだ。

「弁護士は、法律という社会のルールをいちばんよく知っている立場。自分の知識や能力によって、相談者の望んでいることを叶《かな》えたり、困っていることを助けたりできる点に、弁護士という仕事の魅《み》力《りょく》を感じます。これからさらに知識や経験を積んで、より多くの相談者の方の人生に役立つことのできる弁護士になっていきたいと思います」

何ごとにも全力で取り組んでほしい

弁護士になりたいと興味をもった人は、

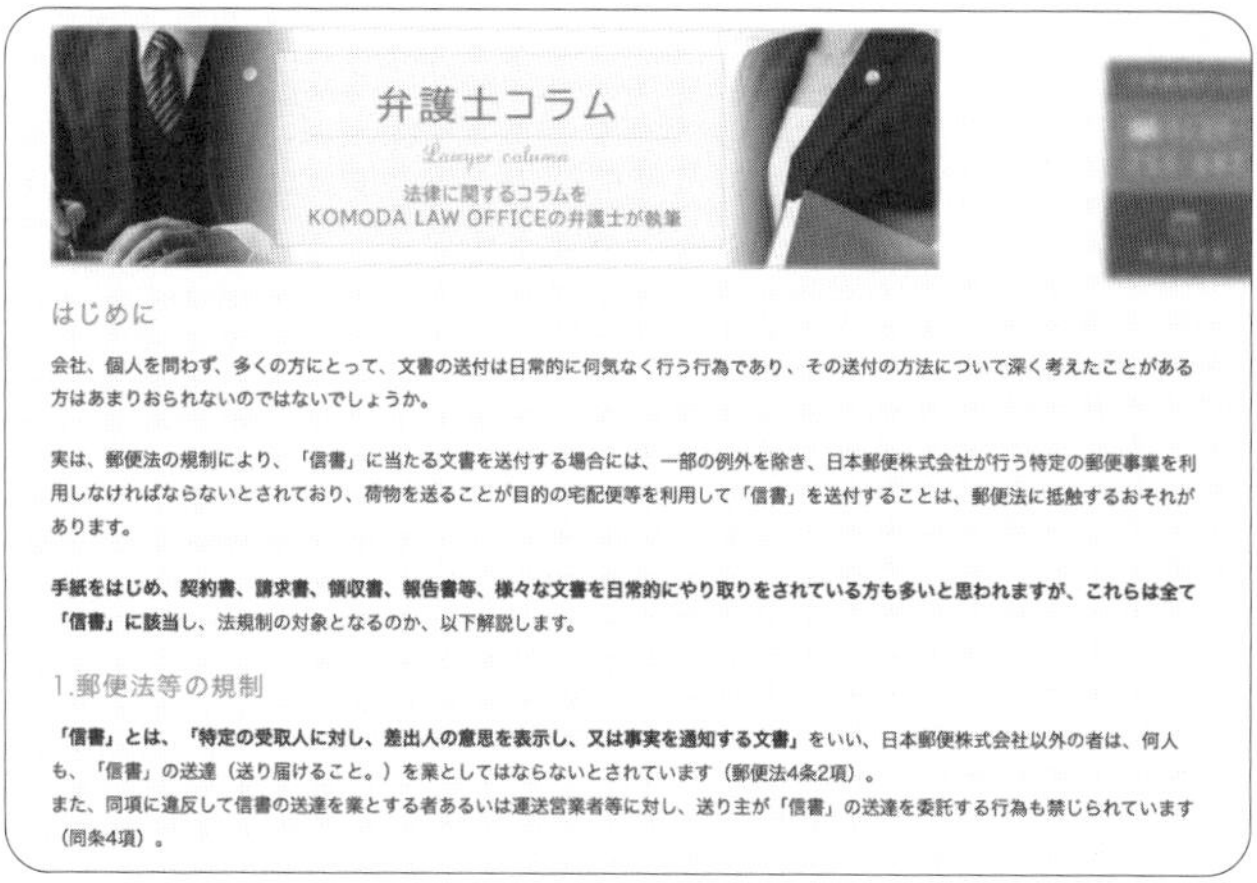
弁護士コラム
Lawyer column
法律に関するコラムを
KOMODA LAW OFFICEの弁護士が執筆

はじめに

会社、個人を問わず、多くの方にとって、文書の送付は日常的に何気なく行う行為であり、その送付の方法について深く考えたことがある方はあまりおられないのではないでしょうか。

実は、郵便法の規制により、「信書」に当たる文書を送付する場合には、一部の例外を除き、日本郵便株式会社が行う特定の郵便事業を利用しなければならないとされており、荷物を送ることが目的の宅配便等を利用して「信書」を送付することは、郵便法に抵触するおそれがあります。

手紙をはじめ、契約書、請求書、領収書、報告書等、様々な文書を日常的にやり取りをされている方も多いと思われますが、これらは全て「信書」に該当し、法規制の対象となるのか、以下解説します。

1.郵便法等の規制

「信書」とは、「特定の受取人に対し、差出人の意思を表示し、又は事実を通知する文書」をいい、日本郵便株式会社以外の者は、何人も、「信書」の送達（送り届けること。）を業としてはならないとされています（郵便法4条2項）。

また、同項に違反して信書の送達を業とする者あるいは運送営業者等に対し、送り主が「信書」の送達を委託する行為も禁じられています（同条4項）。


コラムなどを執筆して、法律の情報や知識を伝える

今から何を始めておけばよいだろう。

「勉強も、それ以外の部活動や遊びも、全力で取り組んでほしい。『全力』を出す日々があったからこそ、司法試験の大変な勉強に耐《た》えることができました」

そして、数多くの新たな経験を積むことが役に立つと、久富さんは続ける。

「相談者の置かれている立場やしている仕事などを理解したうえで、困りごとを解決していきます。相手のことを理解するためには、自分がさまざまな経験をして、いろいろな人がいるということをわかっておくことが必要です。ぜひ、経験できることはなんでもしてください」

久富さんの昔と今の学び

Q どんな子どもだった?

どちらかというとおとなしめの性格で、本を読むのが好きでした。

Q 国語をどのように勉強していた?

日ごろ本や新聞、教科書を読み込《こ》むなどして、文字・言葉・文に日常的にふれていたのが、結果的に勉強になっていたのかなと思います。大学の受験勉強としては、古典の文法を暗記して古文・漢文を速く読めるようにしたり、現代文の論述の過去問の文章をひたすら読み込《こ》んだりしていました。

Q 好きだった教科や活動は?

国語以外では、歴史の授業も好きでした。部活動は、中学では陸上部で長距離《ちょうきょり》、短距離《たんきょり》、幅跳《はばと》びをしていました。高校生のときは空手部でした。ともに練習に打ち込《こ》んでいました。

Q 今は何をどう学んでいる?

司法書士、社会保険労務士、税理士などの専門家がもっている知識を、自分ももっておいたほうが確実に対処できる場面は増えるので、これらの専門分野についてもできるだけ勉強しています。参考書や専門書を読んだり、具体的な案件について事務所の先生たちに質問したりしています。

弁護士の専門性

Q どうすればなれる?

司法試験に合格することがまず必要であり、これがもっとも難関といえる。また、司法試験を受験するために、法科大学院で2年間または3年間にわたり学ぶか、予備試験とよばれる試験に合格することが必要。司法試験に合格したら1年間、司法修習とよばれる研修を受け、司法修習生考試という試験に合格することで、弁護士になる資格を得られる。

Q 何を勉強しておくとよい?

コンビニエンスストアでの買い物、携帯電話の購入、アルバイトなど、身近な社会のしくみやルールがどうなっているのか調べてみよう。ニュースで「○○法」と出てきたり、裁判のようすなどが報道されたりしたときは注意深く読んでみるといい。

Q ほかに大切なことは?

相談者の立場になって、何に困っているのかを理解することも大切。話す相手の気持ちを推しはかってみよう。

めざせ、自分のレベルアップ!

法律の知識	読解力	思いやり

PICK UP

問題解決に当たるための国語

弁護士もほかの職業も「読む」ことは大切

久富達也さんは、「弁護士という仕事は、言葉を使って問題の解決に当たっていくので、国語の力が大切だと感じることは多くあります」と話している。読む・聞く・話す・書く、いずれの力も必要となるが、ここでは「読む」に光を当ててみる。弁護士の仕事では、**法律の条文を正確に読んだり、相談者の困りごとを文書で具体的に読んだりして、問題の解決に向けた手だてを考えていく。**もちろん「読む」は、弁護士だけでなく、ほかのあらゆる職業でも必要かつ大切なこととなる。「読む」は、書かれてあることの意味をわかるようにすることだ。たとえば、文を追って「どんな意味のことが書かれてあるかわかった！」となれば、「読む」がうまくいったことになる。

■文章を正しく読むために大切なこと

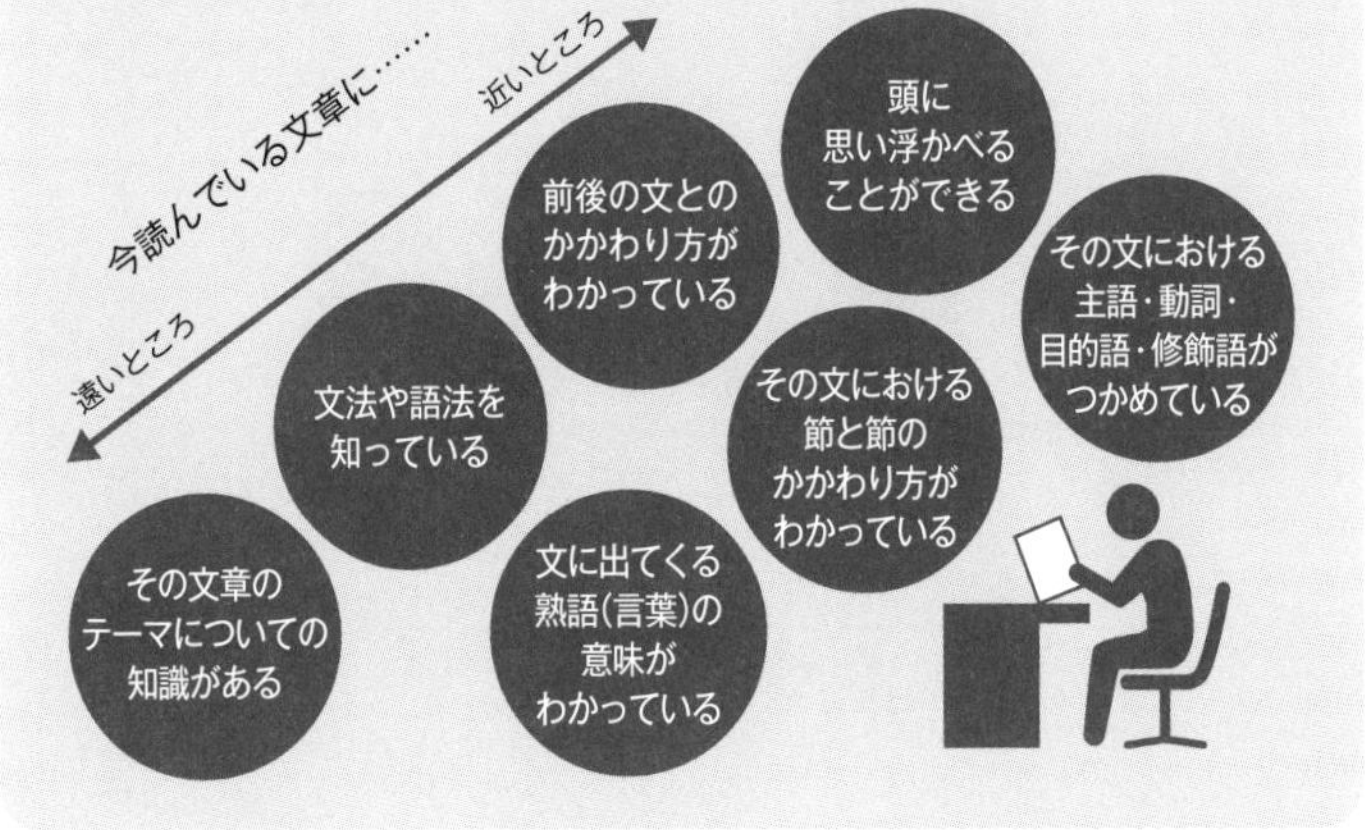
今読んでいる文章に……
近いところ
遠いところ
頭に
思い浮かべる
ことができる
前後の文との
かかわり方が
わかっている
その文における
主語・動詞・
目的語・修飾語が
つかめている
文法や語法を
知っている
その文における
節と節の
かかわり方が
わかっている
その文章の
テーマについての
知識がある
文に出てくる
熟語(言葉)の
意味が
わかっている

書かれてあることの意味をわかるようにするには、つまり文章を正しく「読む」ためには、どのようなことが大切になるだろうか。「ただひとつこれだけだ！」といった、決定的に大切なものがあるわけではない。読んでいるその文章に近いところから遠いところまで、読むことにプラスとなるたくさんの力が合わさることによって、文を正しく読めるようになる。

「これをすれば」の答えはないけれど……

では、どのようなことをすると、読むためにプラスになる力を身につけることができるのだろうか。読書が好きでたくさんの本を読んでいることだろうか。日々たくさん勉強していることだろうか。数学や理科が得意なことだろうか……。実をいうと、ちょっと残念なことに、どれも読む力とのかかわりは確かめられていない。数理論理学という分野の研究者が、アンケートで調べたところでは、「これをすれば読む力が高まる」という手だてはほぼ見つからなかったという。

とはいえ、意味を知っている言葉をたくさん身につけておくことは、その言葉が出てきた文を読むときプラスになるに違《ちが》いない。また、多くの文や文章を読んでさまざまな書かれ方になじんでおけば、似た文を読むときプラスになるだろう。

教科書の文章をわかり切るまで読んでみる

「読む」力をつけるために、みなさんにお勧《すす》めしたいのは、**国語の教科書に出てくる文章を、意味がわからないところがなくなるまで、一文ずつきちんと読み進めていくことだ。**

意味のわからない言葉があったら調べて理解し、そしてその一文が何を伝えている

■ 教科書の文章を一文ずつきちんと読んでみる

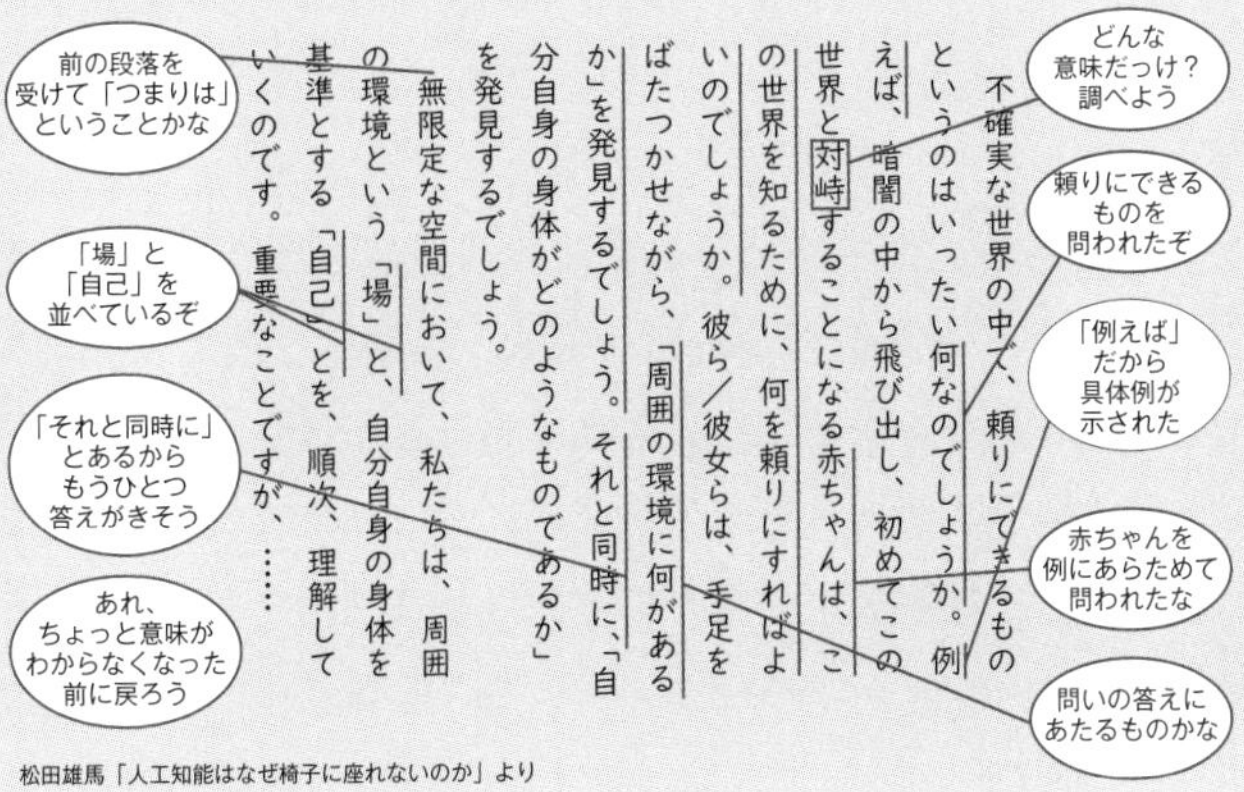
不確実な世界の中で、頼りにできるもの
というのはいったい何なのでしょうか。例
えば、暗闇の中から飛び出し、初めてこの
世界と対峙することになる赤ちゃんは、こ
の世界を知るために、何を頼りにすればよ
いのでしょうか。彼ら／彼女らは、手足を
ばたつかせながら、「周囲の環境に何がある
か」を発見するでしょう。それと同時に、「自
分自身の身体がどのようなものであるか」
を発見するでしょう。
無限定な空間において、私たちは、周囲
の環境という「場」と、自分自身の身体を
基準とする「自己」とを、順次、理解して
いくのです。重要なことですが、……
どんな意味だっけ？調べよう
頼りにできるものを問われたぞ
「例えば」だから具体例が示された
赤ちゃんを例にあらためて問われたな
問いの答えにあたるものかな
前の段落を受けて「つまりは」ということかな
「場」と「自己」を並べているぞ
「それと同時に」とあるからもうひとつ答えがきそう
あれ、ちょっと意味がわからなくなった前に戻ろう

松田雄馬「人工知能はなぜ椅子に座れないのか」より

のか理解し、さらに前の文とのつながりを理解しようとする。いつの間にか読み飛ばしていたり、文章全体の意味がわからなくなっていたら、きちんと読んでいたところまで戻《もど》って読みなおす。

国語の教科書、とくに説明文・論説文の文章は、世の中のいろいろな文のなかでもかなり読むのがむずかしいものが多い。これらの文章の意味がわかり、全体で何を伝えたいのかがわかるというのは結構すごいこと。教科書から離《はな》れて、いろいろな文に向き合うときの糧《かて》になることだろう。学校の定期テストでも、高得点ゲットにつながるに違《ちが》いない。

裁判官

裁判所で裁判の仕事を行う国家公務員。最高裁判所長官・最高裁判所判事・高等裁判所長官・判事・判事補・簡易裁判所判事の６種類がある。司法試験に合格することが必要。合格後、１年間の司法修習を受け、司法修習生考試というテストに合格した人が、裁判官・検察官・弁護士のなかから裁判官になることがある。

弁理士

特許・実用新案・意匠《いしょう》・商標について、特許庁《とっきょちょう》などへの手続きの代理などをする。

社会保険労務士

社会保険の書類作成などをする。ここにあげたほかの仕事もだが、試験合格が必要。

司法書士

依頼《いらい》を受けて、裁判所・法務局などに提出する書類を代わりにつくる。

税理士

依頼《いらい》を受けて、税を納める、税についての書類をつくるなどの仕事を代わりにする。

こんな仕事もある!

検察官

犯罪を捜査《そうさ》し、裁判所に裁判を起こすための求めを出し、裁判所に法律が正しく適用されることを求め、裁判が行われるのを監督《かんとく》する国家公務員。裁判所では、自分の訴《うった》えた当事者である被告《ひこく》が有罪か無罪かなどをめぐり、弁護士と争う。司法試験の合格、司法修習を受けること、司法修習生考試の合格が必要。

行政書士

依頼《いらい》を受けて、官公署に提出する書類や権利・義務などにかかわる書類をつくる。

土地家屋調査士

依頼《いらい》を受け、不動産の表示に関する登記に必要な土地・家の調査・手続きなどをする。

海事代理士

委託《いたく》を受け、行政機関などに船舶《せんぱく》法・船員法などに基づく届出などの手続きをする。

国際弁護士

国際的な案件を扱《あつか》う弁護士をこうよぶ。外国で弁護士資格を取得する場合が多い。

10代の挑戦！ 困りごと解決編

❶「高校生模《も》擬《ぎ》裁判選手権」に参加してみる

日本の弁護士すべてが登録している日本弁護士連合会《にほんべんごしれんごうかい》という組織が開いている、模《も》擬《ぎ》裁判の選手権がある。検察側と弁護側を入れ替《か》わりながら、ほかの高校と対戦をする。３～７人のチームで出場することができる。

❷ 弁護士に会って話を聞いてみる

日本弁護士連合会にグループ・団体で申し込《こ》めば、高校生や大学生が現役の弁護士に、どんな仕事か、またどうすればなれるかなどを質問することができる。夏休みや春休みの期間にはより少人数で参加できる企画《きかく》もある。

❸ 裁判所で裁判を傍聴《ぼうちょう》してみる

中学生や高校生も、民事裁判とよばれる裁判を実際に裁判所で見聞きすることができる。中学生や高校生が学校単位で裁判所に行き、若手裁判官のガイドのもと、民事裁判とよばれる裁判を傍聴《ぼうちょう》できる「民事裁判ジュニアツアー」がある。人数はおおむね５～20人まで。裁判所のサイトに案内があるから、興味のある人はチェックしよう。

4章

お客さまの力になる

INTERVIEW

ウエディングプランナー

結婚式の進行や全体の演出を考える

株式会社《かぶしきがいしゃ》八芳園《はっぽうえん》
ブライダルプロデュースチーム リーダー

煤田《すすだ》 泉《いずみ》さん

高校卒業後、ブライダル専門学校を経て、八芳園に入社。フロントの案内係を経験してからウエディングプランナーに。プランナーの経験も５年近くなり、最近では後輩《こうはい》の育成やサポートにも力を入れている。

その人に合った結婚《けっこん》式を

正門をくぐると、日本庭園が広がり、和と洋の建物がたたずんでいる。春は桜、夏は青葉、秋は紅葉、冬は雪化粧《ゆきげしょう》。四季折々の姿を見せる「八芳園」は、庭園の中に料亭《りょうてい》とレストラン、結婚《けっこん》式場がある空間だ。煤田泉さんはそこでウエディングプランナーを務めている。結婚《けっこん》式を挙げたいお客さまの相談にのり、当日の進行から料理や演出まで考えるスタッフだ。

煤田さんたちブライダルプロデュースチームの仕事は、結婚《けっこん》式場候補として、八芳園を見学に来た人を歓迎《かんげい》するところから始まる。ここでどんな結婚《けっこん》式や披露《ひろう》宴《えん》ができるか説明し、選んでもらうことをめざすのだ。その役を務めていたとき、煤田さんは特に二つのことを意識していたという。ひとつは「見学に来た新郎《しんろう》新婦《しんぶ》はどんな方か」を肌《はだ》で感じること。もうひとつは「式には誰《だれ》を呼び、そのゲストの方々には一日をどう過ごしてほしいと思われているか」を知ることだ。

たとえば、長く会えていなかった親戚《しんせき》一同が集まるので、ゆっくり歓談《かんだん》する時間を大事にしたいというお客さまがいる。そうであれば、会話の時間をより楽しく華《はな》やかなものにしてくれる料理のことを必ず説明。一方で、学生時代に野球やダンスに打ち込《こ》んだ仲間を招待するので、みんなにとってもよい思い出になる結婚《けっこん》式にしたい、というお客さまもいる。そうであれば、グッズや映像で披露宴《ひろうえん》を盛《も》り上げる演出もあることを紹介《しょうかい》する。

「結婚《けっこん》式に列席される『人』を知ることで、ではこうしたらどうでしょうと提案し、具体的な『こと』につなげていく。それが私たちの仕事だと思っています」

あこがれとプレッシャー

　煤田さんが今の仕事に興味をもったのは、高校3年生のときだ。進路を考える説明会に、ブライダル専門学校の先生が来てくれて、自身のホテル勤務時代の体験も交えて語ってくれた。その先生の凛《りん》とした立ち振《ふ》る舞《ま》いにひかれた煤田さんは、小学生のときに親戚《しんせき》の結婚《けっこん》式に出て感動したことも思い出し、卒業後の進路にブライダル専門学校を選んだのだ。

　専門学校1年生のインターンシップ（就業体験）では、八芳園のウエディング部門の現場を体験。お客さまと向き合うスタッフのプロの姿勢やあたたかさに魅了《みりょう》された。だから八芳園でアルバイトを始め、さらに採用選考も受けて、晴れて正式なスタッフの一人になった。

お客さまの望みを汲み入れた結婚式をサポートする　　取材先提供（以下同）

新人時代の担当はフロントの案内係。八芳園に来たお客さまに対して、庭園やレストラン、結婚《けっこん》式場など、目的に合わせて案内した。1年半後、ウエディング部門へ。いよいよ、目標だったプランナーを任されることになった！

ところが当の本人は困惑していた。

「プランナーは責任のある仕事。自分に務まるのだろうか、という不安のほうが大きくなり、怖《こわ》くなっていたのです」

一人前のプランナーめざして

八芳園を式場に選んでくれたお客さまとは、式当日の約4カ月前から、プランナーが数回の打ち合わせを重ねていく。

その話し合いの中で、式に招待する人、披露宴《ひろうえん》の料理や飲み物、撮影《さつえい》や余興《よきょう》、会場の花や装飾《そうしょく》、席次表まで、もれなく正確に決めなければいけない。プランナーが覚えておくべきことは山ほどあり、そのうえお客さまの要望にも耳を傾《かたむ》け、八芳園の式場責任者やフラワーコーディネーターとも相談して、柔軟《じゅうなん》にプランを組み立てることが求められるのだ。

「最初は先輩《せんぱい》や上司に助けてもらいながら、毎日が本当に必死でした」

その中で煤田さんが心がけたのは「納得できるまで話を聞く」ことだ。

「上司が式や披露宴《ひろうえん》について教えてくれても、自分が納得できていないと、お客さまに責任をもって説明できません。腑《ふ》に落ちていないことがあれば質問し返し、理解を深めるようにしました。また、お客さまのご要望も、真意をつかまないと式場のスタッフときちんと共有できません。お客さまには『何をしたいか』だけでなく、『なぜそれをしたいのか』という理由までうかがうようにしました」

人生の節目にかかわる喜び

数カ月かけて準備した結婚式《けっこんしき》。当日の煤田さんは、新郎新婦《しんろうしんぷ》といっしょにつく

八芳園の見事な庭園に和装が映える

った晴れ舞台《ぶたい》を見守る立場だ。主役の二人や列席者の笑顔や感涙を目にすると、煤田さんの顔も自然にほころぶ。そんな人生の節目の結婚《けっこん》式をあげたここ八芳園には、祝いごとや記念日に再来する人も多い。その際に煤田さんにも会いにきてくれたりと、交流がずっと続くお客さまもいる。仕事を通して、そうした人間関係を築けることもうれしいという。

だから結婚《けっこん》式のあとで、煤田さんはお客さまに三つのメッセージを必ず送っている。「とてもすてきな一日でした」「今までのご縁《えん》に感謝します」「八芳園に、いつでも帰ってきてくださいね」と。

煤田さんの昔と今の学び

Q どんな子どもだった？

話すのは苦手なほうで、どちらかといえば聞くほうが得意でした。今も基本はそうかもしれません。

Q 国語をどのように勉強していた？

勉強はあまり好きではなく、文章読解も「めんどうだなあ」と思ってしまいがちでした（笑）。国語のテストは先に問題文を読み、問われることを確認してから本文を読んでいました。ブライダルの専門学校で、敬語の使い方や話し方の基礎《きそ》を学んだことが今に生きています。

Q 好きだった教科や活動は？

水泳をずっと続けてきました。父の影響《えいきょう》で、野球や海外サッカーのテレビ観戦も好きでした。こうした趣味《しゅみ》は、お客さまとの「会話の引き出し」のひとつにもなります。

Q 今は何をどう学んでいる？

お客さまの思いの汲《く》み取り方や、信頼《しんらい》してもらうための接し方を、研修の講師から教わり、社内でも話し合っています。新人時代はお客さまに送る文面を上司に確認してもらいましたが、今はあやふやな日本語があれば、自分ですぐ調べます。

ウエディングプランナーの専門性

Q どうすればなれる?

ウエディングプランナーは、おもに「結婚《けっこん》式場のあるホテルや施設《しせつ》」や「ブライダルプロデュース会社」で働いている。まずはウエディングについて学べる専門学校や大学で基礎《きそ》を身につけ、そのうえでこれらの職場に就職することをめざそう。

結婚《けっこん》式場でアルバイトをしたり、プランナーの人の話を聞いたりして、現場にふれておくこともお勧《すす》めだ。

Q 何を勉強しておくとよい?

敬語や時候のあいさつなど、日本語の知識全般《ぜんぱん》。また、国語や探究活動のインタビューや話し合いの経験も、「聞き方」を意識すればおおいに生きてくる（70ページも参照）。

Q ほかに大切なことは?

準備をもれなく進めるような几帳面《きちょうめん》さも鍛《きた》えよう。また、好《こう》奇心《きしん》をもって多様なことに挑《いど》み、「会話のネタ」を増やしておくと、お客さまと話がはずむようになる。

めざせ、自分のレベルアップ!

聞く力　**几帳面さ**　**会話のネタ**

PICK UP

お客さまの力になるための国語

まずはお客さまの望みを聞き出すことから

冠婚葬祭《かんこんそうさい》のサポートから、衣食住やビジネスのサポートまで、世の中にある仕事の基本は、お客さまの相談にのって力になることだ。お客さまを笑顔《えがお》にしたり、癒《いや》したりすることをしてみたい人は、国語の授業などを通して、**相手の望みを明確にして理解していく聞き方**を身につけていこう。具体的にはそれはどんな聞き方か。ウエディングプランナーの煤田さんは、つぎのような聞き方を大事にしているという。

①**納得できるまで聞く**……たとえば、結婚披露宴《けっこんひろうえん》の会場に飾《かざ》る花について、お客さまと話し合うときは、写真のサンプルを示し「何がいいか」だけ聞いて進めることもできる。だが煤田さんは「なぜそれがいいのか」と理由まで聞く。「色が好き」「色の組み合わせが好き」「この花が好き」といった思いまで知って納得できると、花の演出

煤田さんと新郎新婦の打ち合わせ

をフラワーコーディネーターにどう依頼《いらい》すればいいかより明確になるからだ。

②**相手への興味をもって聞く**……披露宴《ひろうえん》で着替《きが》えるお色直しでは、新郎新婦《しんろうしんぷ》が誰《だれ》かにエスコートされて一時退席する。そのエスコートを誰《だれ》に頼《たの》むかを打ち合わせで確認する際に、煤田さんは「なぜその方にお願いしたいのか」「その人はどんな方か」という背景まで興味をもって聞くという。お客さまからすれば、事務的な人より、そのように自分に興味をもつ人のほうが話しやすい。また、そうしてお客さまのことを知るほど、それを踏《ふ》まえた演出の提案もできるようになる。

③もらさずに、かつ反応しながら聞く……披露宴《ひろうえん》の料理などへのお客さまの要望は、忘れないように、話を聞きながらその場でパソコンでメモを取る。しかしパソコンの操作に集中すると、お客さまの目には「聞き流している」ように映って不安になる。だから目を合わせたり相槌《あいづち》を打ったりと、相手が話しやすい雰囲気《ふんいき》も大事にする。

「相手の望み」と「自分たちができること」をすり合わせる

お客さまの要望を聞き出したら、つぎは自分たちができることを提案する番だ。その際は、**相手に合わせた話し方をする**ことをめざそう。論理的な説明を好むお客さまなら、**結論から先に話して根拠《こんきょ》を続ける**ようにし、友だちと会話するような楽しいやり取りを期待しているお客さまなら、「音楽が流れ出すと、会場が暗くなって……」などと、**情景が思い浮《う》かぶように説明する**ことも重視するというように。

また、実現がむずかしいことに対しては、そこで話を終わらせず、**代わりにできるアイデアを提案する**こともとても大切にしている。ある新郎新婦《しんろうしんぷ》は「再入場のときにバズーカを打ちたい」と希望した。けれども、八芳園としてはバズーカでテープや紙《かみ》

■お客さまと接するときの聞き方・話し方

納得できるまで聞く
「何をしたいか」だけでなく「なぜそれをしたいか（理由）」まで聞く
→お客さまのやりたいことを、理由を踏まえて手厚くサポートできる

相手への興味をもって聞く
確認事項だけでなく、相手の好きなことなど本人にも興味をもつ
→相手が安心し、話しやすくなる
→人間性を踏まえた提案が可能に

確認事項をもらさず聞く
会話をしながら仕事上の確認事項はメモを取り、あとで文書にまとめて相手と再確認する
→考えのすれ違いを減らせる

反応しながら聞く
相手と目を合わせて聞く、合いの手（例：なるほど）や言葉のオウム返し（例：〇〇ですね）を入れる
→相手が安心し、話しやすくなる

合意点を探しながら話す
実現がむずかしいことについては、相手がそれをしたい理由も聞き出し、できることの代案を探る
→よりよい解決策が見つかる

相手に合った話し方をする
相手の好みの話し方（論理的な話し方、情景描写する話し方など）に合わせて、自分の話し方を変える
→相手が安心し、話しやすくなる

吹雪《ふぶき》を床に散らすことをご遠慮《えんりょ》いただいていた。そこで煤田さんは「なぜそれをしたいか」も聞いてお客さまの思いをさらにひも解いた。すると「招待したみんなをサプライズで楽しませたい」というコアな望みが見えてきた。だからその望みを実現できる案をみんなで探り、最終的に「新郎《しんろう》が新婦《しんぷ》をお姫《ひめ》さま抱っこして再入場する」ことになった。当日の式は大好評で終えることができたという。

　このように、「実現がむずかしい」ことに代わる解決策を考えるときも、相手の望みを明確にするために、まずは「聞く」ということが重要になるのだ。

お客さまサポート編

住宅営業

モデルハウスなどで、マイホーム購入《こうにゅう》を考えるお客さまを迎《むか》え、住宅への希望を、内装《ないそう》から間取りや金銭的な面まで聞き、それを踏《ふ》まえて自社の住宅をＰＲ。その後も相手の家を訪ねたりして打ち合わせを重ね、購入《こうにゅう》の契約《けいやく》を結んでもらう。契約《けいやく》後も、修繕《しゅうぜん》の相談など付き合いが続くこともある。

カーディーラー営業

お客さまの自動車への希望を聞いて、お店の新車を売り、販売《はんばい》後のフォローもする。

インテリアコーディネーター

家を買った人などの相談にのり、家具や照明、カーテンなどの合わせ方を提案する。

ショップ店員

来店したお客さまが何を求めているか聞いたうえで、ふさわしい商品を提案して売る。

ライフプランナー

お客さまの人生計画に沿って、病気や死亡などのリスクに備える「保険」を売る。

こんな仕事もある!

法人営業

企業《きぎょう》や病院のように、誰《だれ》かと契約《けいやく》を結んだりと法律上は人と同じことができる団体を「法人」という。その法人のお客さまに商品を売ろうとするのが法人営業だ。部品の営業、ソフトウエアの営業、医薬品の営業など、いろいろな営業職がある。お客さまの話を聞いてニーズをつかむことが重要。

フラワーコーディネーター

要望に合わせ、花束《はなたば》づくりや会場を花で装飾《そうしょく》。ブライダル業界や花屋さんで活躍《かつやく》。

カスタマーサポート

お客さまの困りごとや質問を、電話やメール、チャットで受けて、支援《しえん》策を返す。

フードコーディネーター

食関連の企業《きぎょう》やメディアから依頼《いらい》を受け、メニューの開発や、食の演出を行う。

ツアープランナー

研修旅行をしたい企業《きぎょう》や、旅したい人のニーズをつかみ、旅行プランを提案する。

10代の挑戦！ お客さまサポート編

❶ 当番や頼《たの》まれごとの「目的」を考える

掃除《そうじ》当番や、人からの頼《たの》まれごとについて「なんのためにそれをするのか」を考えてみよう。たとえば掃除《そうじ》の目的が「バイ菌《きん》を取り除く」または「心地よい見た目にする」ことなら、その目的達成のために力を入れるとよい点はなんだろう？

❷ みんなで合意できる案を探してみる

文化祭でやることが多数決で「カフェ」になったとする。ほかに「お化け屋敷《やしき》」「仮装《かそう》」などの案があったなら、案を出した人に「なぜそれをしたいのか」まで聞き、その要素（たとえばサプライズで楽しませたい）を加えられないだろうか。

❸ 感じのよいメモの取り方・聞き方に挑《いど》む

手書きでもデジタル機器の入力でもいいので、メモを取りながら話を聞くことに挑戦《ちょうせん》しよう。それも相手と目を合わせたり相槌《あいづち》を打ったりしながら。お客さまとの商談では、デジタル機器でメモしながら話を聞くことが増えており、それでいて感じのよい聞き方にすることを、大人も今、試行錯誤《しこうさくご》している。

5章

出会いの場をつくる

INTERVIEW

学校司書

図書館を運営して「本」と「人」をつなぐ

5

埼《さい》玉《たま》県《けん》立《りつ》妻《め》沼《ぬま》高《こう》等《とう》学《がっ》校《こう》
司書

長《なが》沼《ぬま》祥《しょう》子《こ》さん

大学生のときに司書の資格を取り、卒業後、公共図書館の司書を経て、学校司書に。国語の先生と組んで、高校生が本の帯のキャッチコピーを考える授業をするなど、読書の楽しみを届けるさまざまな活動も行う。

誰《だれ》がどんな本を求めているのか

「どうしよう、全然、人が来ない……」

学校司書として働き始めたとき、長沼祥子さんはすくなからず不安になった。勤務した高校では、生徒たちが図書館をあまり利用していなかったからだ。昼休みもがらんとした室内で、長沼さんは何から手をつけようかと思いをめぐらした。

取り組んだのは、生徒たちの感覚を知ることだ。学校では朝読書をやっていて、そのための本を探しに来る生徒がいた。どんな本がよいかやり取りしながら、話を掘《ほ》り下げると、見えてきたのは「読書が『嫌《きら》い』なのではなく、『苦手』に思う生徒が多い」ことだったという。

「『自分は本を読めない』『絵がないとむずかしい』と自信なさげに教えてくれたのです。日本語を第一言語にしない生徒もいて、『ふりがながないと無理』と言われたことも。そうした生徒たちも読書を楽しめる場にしたいと思いました」

そこで図書館のあり方を見直し、室内の目立つところに映画化やアニメ化された本を、ポスターやチラシとともに並《なら》べた。「好きな映画やアニメの小説版なら読んでみたい」という生徒が多かったからだ。本棚《ほんだな》の案内表示もつくり直した。

「歴史」「音楽」などの表示の下に絵も入れて、ひと目でわかるようにしたのだ。

選書も工夫した。学校司書は、毎週、新しく出た本をカタログや書店などで確認し、図書館に入れる本を選んで購入《こうにゅう》している。その本を選ぶときに、マンガや新書などのジャンルにとらわれず、とにかく生徒が作品の世界にのめり込《こ》めそうな本を探した。マンガやライトノベルに対して「そんなのばかり読んで」と眉《まゆ》をひそめる人もいるが、それらの作品にも心揺《ゆ》さぶる名作はあるし、そこをきっかけに読書に慣れると、文芸書や新書にも手を伸《の》ばせるようになるからだ。

また、漢字にふりがながふってある本や、日本語以外の第一言語をもつ生徒が手に取りやすい英語・中国語《ちゅうごく》・ベトナム語の本などもそろえていった。

すると、図書館にはしだいに、いろいろな生徒が来てくれるようになった！

「図書館を利用する人に喜ばれ、その人たちのためにもなるように『蔵書を構築する』。それが司書にいちばんに求められる専門性ではないかと思います」

読書の楽しさを分かち合う

子どものころから本や図書館に親しんできた長沼さんは、大学卒業後、公共図

生徒の興味をひくような映像化された本のコーナー

書館で司書として働き出した。担当したのは児童書。長沼さんも児童書が大好きだったので、読書歴を活かして選書したり、絵本の読み聞かせイベントを開催《かいさい》したりするのが、とても楽しかったという。

それなのに、約3年後には学校司書へと転職した。理由は二つあった。

ひとつは、当時の長沼さんは「事務職」採用で、いずれ公共図書館から別の職場に移る見込《みこ》みだったからだ。司書の仕事が楽しくて、ずっと続けたかった長沼さんは、よりせまき門の「司書専門職」の採用選考を受け直すことを決意した。

もうひとつは、公共図書館には来ない

子どもたちにも目が向いたからだ。

「本が好きで図書館に来てくれる子だけでなく、本になじみのない子にも、読書の楽しさを感じてもらえないかなと思ったとき、学校図書館が浮《う》かんだのです」

選考を突破《とっぱ》し、晴れて学校司書になった長沼さん。彼女《かのじょ》にとって学校の先生は、生徒へのかかわりをいっしょに考えるパートナーでもある。より多くの生徒が本を楽しめるように、なおかつその読書を通して学びも深まるように。長沼さんは先生と協力し、国語や家庭科の授業、探究活動などで、生徒が本に親しみながら学習する機会を生み出していった。

本がもっている力とは

本にふれる機会が増えた生徒に対して、司書としてさらにめざすのが、各自が望んでいる本や情報に出会えるようにすることだ。その名もレファレンスサービス。探しものや調べものがあって図書館に来た人の相談にのり、司書の頭の中にある知識や、資料を探す技術でサポートする。

相談内容は「昔《むかし》読んだ本の題名が思い出せない」「草木の名前がわかる本はないか」「めざしている職業について調べたい」などさまざま。ある生徒が悩《なや》みを抱《かか》える友だちを連れてきて「ここに来れ

生徒が本を楽しめるように考える

ばなんとかなるよ」と、助けになる本の紹介《しょうかい》を頼《たの》んできたこともあった。長沼さんはそれがすごくうれしかったという。

「私自身、本を読むことで、世界の見え方が変わった経験が結構あるんですね。『こういう考え方もあるんだ』と視界が開けたり、『自分だけじゃなかった、こんな思いをしているのは』と心が軽くなったり、物語の登場人物の成長に『自分もがんばろう』と背中を押《お》されたり。本と出会うことで、世界の見え方が変わり、勇気や力をもらってきた、と言えばいいでしょうか。この図書館が生徒にとってそんな場所になればと願っています」

長沼さんの昔と今の学び

Q どんな子どもだった?

学校図書館や公共図書館でミステリーやファンタジーの本などをよく借りていました。マイペースなほうでした。

Q 国語をどのように勉強していた?

本に慣れていたからか、中学までは勉強しなくてもだいじょうぶでした。高校で評論を読むようになってから、文章構成や接続語を意識しました。高校の国語の先生が、作品のできた時代背景などまで知ると、作品への理解が深まることをおもしろおかしく教えてくれて、文学の研究も好きになりました。

Q 好きだった教科や活動は?

小学４年生のときに江戸川乱歩《えどがわらんぽ》の作品を読んで以来、その作風にはまり、高校生のときには「大学では江戸川乱歩を研究して論文を書く」と心に決め（笑）、実際にそうしました。

Q 今は何をどう学んでいる?

日本語を第一言語としない生徒をはじめ、誰《だれ》にとっても利用しやすい図書館にするための「多文化サービス」や生徒の探究活動の支え方を学んでいます。本を読んだり、研究会に参加したり、ほかの学校の取り組みを見学したりしています。

学校司書の専門性

Q どうすればなれる?

司書として働くには資格が必要だ。司書課程のある大学に進むか、司書講習という集中講習を受けて、資格を取ろう。

そのうえで、公立学校図書館や公共図書館の司書になるなら、公務員試験を受けて司書専門職として採用されることをめざそう。私立の学校図書館や私立図書館で司書になる道もある。

Q 何を勉強しておくとよい?

図書館は幅広《はばひろ》い分野の本をあつかうので、学んだ知識や経験は選書などに「全部活用できる」という。本の貸し借りの管理はコンピュータで行うので、パソコンにも慣れておこう。

Q ほかに大切なことは?

学校司書は、学校図書館の運営をほぼすべて任される。いつまでに何をどうするのか、自分で考えて動くという自己管理の力も必要になる。

めざせ、自分のレベルアップ!

本が好き　**情報分析**　**自己管理**

PICK UP

すてきな出会いをうながすための国語

本と出会える図書館の理想の形は？

司書の長沼さんのいる学校図書館――アニメや映画の小説版が充実《じゅうじつ》した図書館を、みなさんはどう感じただろう。いいな、と思っただろうか。好みじゃないと思っただろうか。この点は、どちらの意見があってもいい。長沼さん自身、勤める学校が変わってそこにいる生徒が別のことを望むなら、また違《ちが》う図書館をめざすつもりだからだ。

たとえば長沼さんは、「将来は大学で専門的なことを学びたい」と考える生徒の多い高校の図書館を見学したことがある。その図書館の古文や漢文を集めた本棚《ほんだな》では、ただ全集を並《なら》べるのではなく、作品ごとに現代語訳や豆知識本など関連本もまとめて並《なら》べ、時代ごとに分類し、司書の解説付きＰＯＰ（その場の広告）も添《そ》えられていたという。**古典や文学史の知識を活かした展示**で、受験の古典対策をしたい人や、古典

■出会いの演出に向けた情報の分析（司書の場合）

出会ってほしい人（中高生）	出会ってほしいもの（本）
■どんなものを求めている？ ・興味があって求めているものは（例：映画やアニメの小説版） ・困っていて求めているものは（例：漢字にふりがなのある本）	■どうやってよいものを選ぶ？ ・自分で味わう（年100冊以上の読書、書店で本をチェック） ・資料を読む（カタログや書評） ・人に聞く（司書仲間や教員）
■どんな感覚をもっている？ ・本にどれだけなじみがあるか、どんな印象をもっているか ・何をきっかけに興味をもつことが多いか（例：SNSなど）	■どのように整理・分類する？ ・ジャンル別（新書やマンガ） ・日本十進分類法に準じつつ、利用者が手に取りやすい並べ方を心がける（作者ごと／作品・シリーズごと）

出会ってほしい「人」と「もの」双方の情報を集め、分析してつなぐ

が好きな人にはうれしい環境《かんきょう》だ（長沼さんもこれを参考に、勤務校では古典を作品ごとにマンガ版とあわせて並《なら》べた）。

学校図書館の理想の形はひとつではない。「学校ごとに個性が違《ちが》う利用者」に合わせて、本のタイプや並《なら》べ方を工夫した、いろいろな図書館があっていい。

出会いの演出のための情報分析《ぶんせき》

ところで世の中には、ファッションや雑貨、音楽や美術、動物などについても「出会う」ことのできる場がある。百貨店やセレクトショップ、ライブハウス、美術館や動物園などだ。そしてそこには

司書と同じように「誰《だれ》が何に出会えるといいか」を考え、場づくりをしている人がいる（90〜91ページの仕事一覧も参照）。もしあなたがそんな「出会いの演出」をしてみたいなら、**情報を収集して整理・分析《ぶんせき》する**ことに慣れておこう。出会ってほしい人（利用者やお客さま）と、出会ってほしいもの（ファッションや音楽）、その両方に通じるために、**観察する、資料を読む、人に話しかけて知りたいことを聞く、知り得たことを書き出して整理する**、といったことが仕事の基本になるからだ。

発信することも聞き出すことも大事にして

いち押《お》しのものについて**紹介《しょうかい》文を書く**ことや、**ストーリーやテーマのある展示にして投げかける**こともする。お勧《すす》めの本を毎月の「図書館だより」で発信したり、89ページの写真のような展示で生徒の目に留まりやすくする、といったように。

さらに探しものがあって相談に来た人の力にもなる。長沼さんは司書として相談にのるとき、**自分からも質問して聞く**ことで、つぎのような点を押《お》さえるそうだ。

①相手の相談内容を明確・具体的にする……何のために何を探しているのか。

『三匹のこぶた』の原作では、狼が豚を食べてしまう。その残酷さに生徒が驚いたことから、家庭科の授業の先生と話し合い、あたたかいイメージの強い「食」の別の側面を、展示で投げかけた

②回答する内容を明確にする……期待されている情報量や資料の形態は。

③調査のヒントを引き出す……たとえば前に読んで題名のわからない本を探しているなら、何歳《さい》のときに読んだのか、挿《さし》絵《え》はどんな感じかなどと尋《たず》ね、手がかりになる年代やイメージをつかむ。

そのうえで司書のもつデータベースや人脈を使って調査し、相談に来た人がお目当ての本や情報に出会えるようにサポート。その出会いによって、その人のふだんの生活がより楽しくなったり、その人がなんらかの壁《かべ》を乗り越《こ》えたりしていけるように、後押《あとお》しをしていく。

出会いの演出編

動物園・水族館の飼育係

動物たちが元気に暮《く》らせるように、餌《えさ》やりや掃除《そうじ》、健康チェックを行う。同時に、たしかな生物の知識に基づいて、それぞれの動物の暮《く》らしぶりや習性、身体的特徴《とくちょう》など、動物の魅力《みりょく》的な部分を、施設《しせつ》内の表示や SNS で発信する。また、動物たちが子孫を残せるよう繁殖《はんしょく》をうながす役目も担う。

学芸員

美術館や博物館で、芸術作品・文化遺産・化石などを収集、保管。展示会も企画《きかく》。

評論家

本や映画、音楽などについて、よい作品が必要とする人に届くように、評論する。

番組編成員

テレビ局やラジオ局で、どの番組がどの曜日や時間帯に合うか考え、予定表を組む。

地域コーディネーター

子どもに何を学んでほしいか考え、そのために地域の人や団体を学校につなぐ。

こんな仕事もある!

バイヤー

百貨店や衣料品店、食品スーパーマーケットなどで「商品の買い付け」から「商品を売るための戦略づくり」まで担当する専門職。お店の品ぞろえで、お客さまに何を提案するか考えたうえで、国内外で商品を選んで購入《こうにゅう》。売り場の責任者といっしょに、商品の展示や店頭プロモーションの工夫も考える。

セレクトショップのオーナー

お店でお客さまに何を提案するか考え、商品を選んで買い付け、お店に並《なら》べる。

書店販売員《はんばい》

本の展示や棚《たな》の整理、POP作成、接客などをして、お客さまと本との出会いを演出。

古物商

骨董品《こっとうひん》やトレーディングカード、古本などを目利きして買い付け、お店に並《なら》べる。

ライブハウスのオーナー

観客にどんな音楽を届けたいか構想し、演者をブッキングしてライブを開く。

10代の挑戦！ 出会いの演出編

❶ 好きなものを三つの切り口から語る

好きなものを「三つの切り口」から語ることに挑戦《ちょうせん》してみよう。切り口が浮《う》かばなければ、図書館に行き、好きなものをどんな切り口から語る本があるか調べよう。好きなものをいろいろな角度から語れば、興味をもつ仲間を増やせるかもしれない。

❷ ビブリオバトルに参加する

参加者同士で本を紹介《しょうかい》し合うゲーム、ビブリオバトルに参加してみよう。あまり読書をしない人は、「自分の好きなもの」に関する本のなかから、おもしろいと思えるものをまずは図書館で見つけ、その本でビブリオバトルに挑《いど》んでみよう。

❸ テーマに沿って情報をセレクトする

「○○の××を伝える」と決めて、それに沿った情報を多めに集め、そのうえで三つだけ選ぼう。たとえば「『昆虫《こんちゅう》』の『だまし合い』」を伝えるなら、どんな情報を三つ組み合わせるとおもしろそうだろう？　組み合わせの工夫で魅《み》せることは、「展示」の仕事をする人が常にやっていることだ。

6章

チームプレーをする

INTERVIEW

スポーツ選手

取材先提供
（以下同）

個人技やチームプレーで観る人の心を揺さぶる

広島《ひろしま》ドラゴンフライズ

寺《てら》嶋《しま》　良《りょう》さん

洛南《らくなん》高校から東海《とうかい》大学に進み、４年生のときにプロバスケットボールチームの京都ハンナリーズと契約《けいやく》。プロ３年目より広島ドラゴンフライズへ。NPO を通じた途上国支援《とじょうこくしえん》にかかわるなど、社会貢献《こうけん》活動にも取り組む。

格上の選手にもひるまずに

寺嶋良選手がプロのバスケットボール選手として、はじめて公式戦のコートに立ったのは22歳《さい》のときだ。子どものころから夢《ゆめ》見ていた舞《ぶ》台《たい》。さぞ緊《きん》張《ちょう》しただろうと思いきや、「プレーするのが楽しみで、もう、ワクワクしました」という。

「ふだんは一人で静かに過ごすのが好きなんですが、コートに立つといつもの自分じゃなくなって、燃えてくるんです」

熱いプレーで毎試合、出場を重ね、それまで13連敗中だったチームが一転して9連勝するという流れを生み出した。

ポジションはポイントガード。司令塔《とう》として攻《こう》守《しゅ》で仲間に指示を出し、ボール運びやパス回しをリードする。加えて寺嶋選手は「得点力があるのも自分の強み」と考えているので、攻《こう》撃《げき》時には、もち前のスピードで守備の選手を抜《ぬ》き去ってゴール下まで切り込《こ》んで得点したり、外からのロングシュートを決めたりと、点を取る選手としても活《かつ》躍《やく》している。

24歳《さい》のときは日本代表にも選出。

「日の丸を背負う重さを感じましたし、自分の見られ方が変わったのも感じました。それまでは自分が挑《いど》む側でしたが、周りの選手から『倒《たお》してやろう』という気持ちを向けられることも増えたんです。プロには自分よりうまい人がたくさんいて、つぎからつぎへとすごい選手が目の前に現れるので、そのつど『うわあ、これ、勝てるのかな?』と驚《おどろ》いています。でも、僕《ぼく》ももっとうまくなりたいので、その選手からも学んでやろうと。毎日が新鮮《しんせん》で、毎日が挑戦《ちょうせん》という感じですね」

プロになるために貫《つらぬ》いたこと

寺嶋選手は小学1年生のときに、兄を追ってミニバスケットボールチームに加入した。小学4年生のとき、住んでいた東京《とうきょう》にプロのバスケットボールチームができる。その試合を観に行き、コート上で輝いている選手たちを目にして、あこがれたという。そこからは「プロになる」と決意して、バスケ一筋になった。

「今のままではプロになれないと、強いチームに移りました。いっしょに始めた友だちを裏切る形になったのですが……。高校進学でも、日本のどこでもいいので強いところでバスケをしようと。家族もそれを応援《おうえん》してくれたんです」

強豪校《きょうごうこう》でも自分の実力なら通用する、という自信があったわけではない。

「自信って二つあると思うんです。ひとつは『今の自分』に対する自信。もうひ

ポイントガードとしてチームの司令塔を担う

とつは『未来の自分』に対する自信。僕《ぼく》は後者の自信があったんです。自分の実力はまだこのチームのレベルに届かないけれど、ここでがんばればきっとうまくなる。プロをめざすのだから、強いチームでトップになろうと思いました」

親元を離《はな》れて進学した強豪《きょうごう》校では、一度はBチームに落ちて絶望的な気持ちを味わった。それでも「まだできる」「這《は》い上がってやる」と未来の自分を信じた。

大勢の人の支えを原動力に

高校でも大学でもバスケに打ち込《こ》んだ寺嶋選手は、大学4年生のときに待望の知らせをもらう。プロのチーム・京都ハンナリーズから、学生と契約《けいやく》する「特別指定選手」で迎《むか》えたいと打診《だしん》されたのだ。以前にチーム練習に参加したことがあり、ヘッドコーチの目に留まったのだという。

「うれしくて、ずっと応援《おうえん》してくれていた家族に真っ先に電話をしました」

プロ1年目から結果を出し、2年目は先発メンバーに定着。そのシーズンを終え、来期も契約《けいやく》を結ぶか話し合う時期に、寺嶋さんは別のチームから口説かれる。それが広島ドラゴンフライズだった。

当時は成績がふるわず、低迷していた。だが訪ねてきた運営陣《じん》の話に「チームを強くしたい」という熱い意志を感じた。そのために自分を求めていることも。現チームへの恩義と愛着もあり、悩《なや》みに悩《なや》んだすえに、寺嶋選手は移籍《いせき》を決断した。

「バスケをする中で、たくさんの人を自分の犠牲《ぎせい》にしてきたように思うことがあります。支えてくれた家族。自分にパスを集めてくれた学生時代の仲間。お世話になったチームの人びと。そうした人たちに、『こいつがプロになってよかった』と感じてもらえる選手になりたいと思っています。コート上のプレーはもちろん、コートの外でも社会に貢献《こうけん》できるような、価値のある選手になりたいです」

試合に勝ってファンの声援に応える

ファンと喜びを分かち合って

　チームの強化を図った広島ドラゴンフライズは、優勝争いにも絡《から》むようになり、寺嶋選手はひりつく日々を送っている。

「試合に負けると、毎回悔《くや》しいです。ファンの方が肩を落として帰っていくので。チームのことがその人の人生の一部になっているんですよ。だから、うれしいのは試合に勝ってコートを一周するときです。たくさんの人が拍手《はくしゅ》してくれて、その中で手を振《ふ》って感謝を伝えるときは、本当に幸せです。勝ってよかった。バスケをしていてよかったと思います」

寺嶋選手の昔と今の学び

Q どんな子どもだった?

生まれ育ったマンションの２階に図書館があって、よくそこに通っていました。バスケと本に囲まれた生活でした。

Q 国語をどのように勉強していた?

読書が趣味《しゅみ》なので、国語の教科書を勝手に読み進めて楽しんでいました。授業で覚えているのは、あるシーンの主人公の気持ちをみんなで討論したこと。人によって意見が違《ちが》うのがおもしろくて、価値観って人それぞれだなあと思いました。

Q 好きだった教科や活動は?

中学・高校はバスケ漬《づ》け。大学生になってお金に少し余裕《よゆう》ができてからは、本をよく買うようになりました。著名な人のエッセーや自伝を読んで気持ちを高めたりしていました。

Q 今は何をどう学んでいる?

先輩《せんぱい》でも後輩《こうはい》でもうまい人がいれば、余計なプライドは捨ててその選手をよく見て学び、技術や戦術を盗《ぬす》もうとしています。プロになり、練習以外は自由に使える時間が増えたので、年間100冊ぐらい本を読むようになりました。その読書は思考を深めるのに役立っています。

スポーツ選手の専門性

Q どうすればなれる?

学校の部活動や、地域のクラブチームで実力をみがき、プロチームから声をかけてもらえるレベルまで自分を高めよう。「もっとうまくなりたい」という向上心をもち続けることや、手を伸《の》ばせば届きそうなチャンスがあったとき、うまくいくかわからない不安があっても飛び込《こ》んでチャレンジする姿勢も大事だ。寺嶋選手の言う「未来の自分」を信じていこう。

Q 何を勉強しておくとよい?

スポーツ選手にとっては心や体を自分でもケアしていくことが大事。保健体育や家庭科の授業で、心と体のつながりや、栄養面のことを真剣《しんけん》に学べば、のちのちに生きてくる。

Q ほかに大切なことは?

寺嶋選手はプレーの技術や戦術を、今もほかの選手をよく見て学んでいるそう。試合観戦をするときは、うまい人を目で追って貪欲《どんよく》に学ぼう。

めざせ、自分のレベルアップ!

向上心　**挑戦**　**見て学ぶ**

PICK UP

個々の力をかけ合わせるための国語

言葉で自分やチームを分析《ぶんせき》する

みんなで共通の目標に向かって力を合わせること、いわゆる「チームワーク」は、スポーツの世界でも、ビジネスや医療《いりょう》、音楽やお笑いの世界でも求められている。

そのチーム戦で力を発揮したいなら、**言葉を手がかりに思考を深める**ことをしてみよう。たとえば「自分の強み」「調子がいいときの条件（技術面から生活習慣まで）」を言葉にするのだ。自分の強みを言葉にできれば、意識的に伸《の》ばせるようになるし、調子がいいときの条件が見えてくれば、その状態を意図的につくって好調を再現しやすくなる。バスケットボールをするときに寺嶋選手が実際に行ってきたことだ。

「自分はどうありたいか」「このチームでがんばることにどんな意味があるか」といった**概念的《がいねんてき》なことを言葉にする**こともできたら、なおすばらしい。言葉にしてはじめ

■ 寺嶋選手の中に築かれた概念《がいねん》

「未来の自分」に対する自信がある

この考え方があるから、今は敵わない選手がいても、あきらめずに未来の自分を信じて、努力し続けている

コート外でも価値のある選手になりたい

この目標があるから、プロスポーツ選手という、注目してもらえる立場を活かして、社会貢献《こうけん》活動にも取り組んでいる

応援《おうえん》してくれている人にとっては チームのことが人生の一部になっている

この考え方があるから、毎試合の勝敗には「たくさんの人の人生がのっかっている」という重みを感じるようになり、勝ったときにはそのみんなと喜びを分かち合える幸せを強く感じるようになった

て気づくこともあるし、迷ったときや落ち込《こ》んだとき、自分から生まれたその言葉がきっと支えになる。「あり方」や「意味」を考えるのは簡単ではないが、寺嶋選手の経験によると、**本を読んで語《ご》彙《い》を増やしていく**と、自分の中のモヤモヤを言い表せる単語が見つかるようになり、考えをまとめやすくなるという。

言葉ですれ違《ちが》いや温度差を乗り越《こ》える

目的をもって話し合うことによってもチームプレーはみがかれていく。

まずあげられるのが、**おたがいの考えの違《ちが》いを理解するために話し合う**ことだ。

公式戦において味方同士でちぐはぐなプレーが起きたとき、寺嶋選手はチームメートと、試合のあとでそのときに考えていたことを出し合い、相手の行動についても理解を深めたうえで、つぎはどう息を合わせるか考え、修正していくという。

目線を合わせるために話し合うこともある。高校時代にバスケットボール部のキャプテンを務めた寺嶋選手は、プロをめざす自分と、高校でやめる同級生とでは、つぎの大会にかける思いが違《ちが》うのを感じた。だから全員で集まって話し合い、「この大会に勝つためにがんばろう」という共通のゴールを見据《みす》えていったという。そのように、**みんなでめざす目標を言葉にして共有する**ことは、チームにとって大事なことだ。

言葉になっていない気持ちまで読み取る

ところで、話し合いが大事といっても、試合中はそうはいかない。選手もコーチも「出せ!」「裏!」と、ひと言だけ発し、言葉を受け取った側が試合展開や選手の位置、コーチがいつも言っていることなどを踏《ふ》まえ、ひと言に込《こ》められた意味を察知して動く。その点では、**文脈(前後の流れ)から発言の意図を読み取る**ことも重要だ。

チームメートと積極的にコミュニケーションを取り、相手の気持ちを読み取る

また、特にチームリーダーや司令塔《とう》には、**性格や価値観の違《ちが》いを踏《ふ》まえて相手の気持ちを読み取る**ことも必要なのかもしれない。大《おお》舞《ぶ》台《たい》に強い人、常に冷静な人、国籍《こくせき》や世代が違《ちが》って自分と価値観が異なる人。司令塔《とう》ポジションの寺嶋選手は、チームメートの個性を理解して「本人の力をもっと引き出せるようになりたい」そうだ。もちろん、他人の気持ちを100%読み取ることはできない。でも、本人とコミュニケーションを取ることや、**本を通してさまざまな考えや価値観にふれる**ことが、他人を理解する手助けになるように感じているという。

チームプレー編

スポーツ指導者（監督《かんとく》・コーチ）

選手の育成とチームの勝利のために、スポーツの技術や考え方、戦術を言葉にして伝えたり、図や映像で示したりする。伝えたことを選手が「理解」するだけではダメで、「納得」できてこそ本人の力になる。それぞれの個性を理解し、選手に合った働きかけをすることも重要になる。

スーパーバイザー

担当地域の全店舗《てんぽ》の監督《かんとく》役や、コールセンターの現場監督《かんとく》として、指揮を取る。

プロジェクトマネージャー

商品開発やシステム開発などのプロジェクトでチームを束《たば》ね、進行を管理する。

制作ディレクター

番組・広告・web 制作などで、制作チームのディレクション（指揮）を担当する。

建築士

意匠《いしょう》・構造・設備という各専門をもつ建築士たちが話し合って建物の設計図を描《か》く。

こんな仕事もある!

プロジェクトメンバー

ビジネスの現場では「商品開発」「プロモーション」「働き方改革」など目的ごとにプロジェクトを立ち上げ、参加してほしい人を集めてチームをつくる。メンバーは期待された役割を踏《ふ》まえて、自分の強みを発揮しながら、ほかの専門性をもつ仲間と意見を出し合って、目的の達成をめざす。

宇宙飛行士

宇宙空間で、任務から雑務まですべてのことを限られた人数で役割分担して進める。

看護師

チーム医療《いりょう》の一員としてカンファレンスで情報共有しながら、患者《かんじゃ》をケアする。

ミュージシャン

楽曲や演奏の方向性を仲間と話し合い、形にして、自分たちの音楽を世間に届ける。

消防隊員

災害や人命救助の現場で、日ごろの訓練も活かしてチームで消火や救命にあたる。

10代の挑戦！ チームプレー編

❶「チームの〇〇担当」と言葉にしてみる

部活動や委員会活動、班活動などで自分ができたこと、やってみて好きだと思ったことを、言葉にしてみよう。たとえば「記録担当」「盛《も》り上げ担当」「イラスト担当」など。その自分の強みを、今後のいろいろなチーム活動でも発揮していこう。

❷ すれ違《ちが》いについて話し合う

家族や友だちと行動がすれ違《ちが》ったとき、腹を立てたり謝ったりするだけで終わらせず、「自分はこう思ったのだけど、あなたはどう思ったの？」と尋《たず》ねて、すれ違《ちが》いの原因を探ろう。すれ違《ちが》いを減らすために何かできないかも、話し合ってみよう。

❸ 本を読んで思考を深める

タイトルにひかれた本や、好きな有名人のお勧《すす》めの本を読み、いろいろな考え方や言葉にふれて、自分の思考を深めよう。古典（現代語訳版もある）から人間関係や戦術を学ぶのもお勧《すす》め。自分の悩《なや》みに引き寄せて『徒然草《つれづれぐさ》』や『孫子《そんし》』を読めば、読み継《つ》がれてきたその格言に、あなたも魅了《みりょう》されるかもしれない。

7章

ことばと向き合う

INTERVIEW

言語学者

話しことばを研究し、その機能をつきつめる

国立国語研究所《こくりつこくごけんきゅうじょ》
准教授

中《なか》川《がわ》奈《な》津《つ》子《こ》さん

大学で文学部に所属する中で言語学に興味をもち、大学院で言語学を研究する。話しことばに興味があり、沖縄《おきなわ》や青《あお》森《もり》などでフィールドワークをするほか、コーパス分析《ぶんせき》という方法《ほうほう》などを用いて研究を行っている。

科学的な研究をめざせる言語学にひかれ

人が音声や文字によって、伝えたいことをやり取りするための約束《やくそく》が言語だ。よりかんたんに「ことば」というときもある。その言語を対象にした研究の分野は「言語学」とよばれる。

中川奈津子さんは、日本で使われていることば、とくに話しことば研究をする言語学者だ。言語学に興味をもったのは、大学4年生のとき。文学部で『山月記』（中島《なかじま》敦《あつし》著）という小説の研究をしていたが、日本語教師をめざしていた中で手にとった『よくわかる言語学』（定延《さだのぶ》利之《としゆき》著）という本に「読み終わりたくないくらい」強くひかれた。理論を用いたり分析《ぶんせき》したりといった科学的な方法でアプローチできる言語学の研究を、大学院ですることにした。

「先生に対しても、学生に対しても、おかしいと感じたことはおかしいと言える。逆に指摘《してき》されたときは、自分の考えのまま反論したり納得したり。そうしたやり取りがとても楽しかったですね」

「は」などの主題助詞の使い分けを研究

大学院生のとき、博士になるための研究で取り組んだのが、「日本語の情報構造」についての研究だ。「文には、なぜかはよくわからないけれど、これはもう言ったねと、共通理解を前提としている部分とそうでない部分があります。それらがどう成り立っているのか調べるのが、情報構造の研究です」

　中川さんが研究したのは、「は」とその他の主題助詞。「明日は雨なんだって」の「は」や、「明日、雨なんだって」の「明日」と「雨」の間にくるものだ。代表的なものは「は」だが、中川さんは「は」を使うとすこしおかしいと感じられる場合があることに目をつけた。たとえば、その日はじめて会った相手に「あの件、どうなりました」と言うのは自然だが、「あの件はどうなりました」と言うのはすこしおかしい。

「『は』は、今まさにその話が出ているかどうかで使い分けられるというのが結論です」と中川さんは言う。たとえば、今、話に「お姉ちゃん」が出ている中で「お姉ちゃんは元気だよ」と言うのは自然だが、久しぶりに会った友だちにいきなり「お姉ちゃんは元気？」と言うのはすこしおかしい。主題助詞の「は」は、すでに多くの研究がされているが、独自の研究であると認められて論文が通り、博士になることができた。

話しことばの研究にはさまざまな研究書が欠かせない

中川さんがツールにしたのが、「日本語話し言葉コーパス」。数百万語の実際の話しことばの音声がデータになっており、多くのデータをもとに話し方の傾向《けいこう》などを分析《ぶんせき》することができる。

生きている方言を分析《ぶんせき》

今、中川さんが研究対象のひとつにしているのが、沖縄県・石垣《いしがき》島の東部にある白保《しらほ》という地域の方言だ。大学院時代に中川さんが授業を受け、今所属している国立国語研究所の所長をつとめる田窪《たくぼ》行則《ゆきのり》先生の影響でこの研究を始めた。石垣島の南西に50キロメートルほど離《はな》れた波照間《はてるま》島から移ってきた人たちの言語であるため、石垣島のなかでも独特な方言といえる。たとえば「私は魚を食べた」を、白保方言では「バーユーユヘーヤン」と言う。

「まだわからないことが多くあります。この地域の方言にも係結びがあって、『ドゥ』という助詞がないときは『ン』で終わるのですが、『ドゥ』があると連体形で終わります。係結びは日本の言語だけでなく、遠いアフリカのシンハラ語などにもあります。何かしらの機能があるから異なる場所で共通して使われてきたのだと思います。その機能はなんなのか、考えているところです」

白保方言のことを探るためには、方言を使っている人たちの生の会話が重要なデータとなる。そのため石垣島を訪れ、現地の人たちに協力してもらい、会話を録音・録画させてもらっている。気候と同じく、人びとはみな温かだ。

データを集めて分析《ぶんせき》し、自分の研究を深めたいという気持ちもあるが、「地域でお世話になっているみなさんにお礼をしたい」という思いも大きい。

「収録データの中には歴史的に貴重な証言もあります。証言集をつくるなど形にまとめて、地元にお返ししなければなら

中川さんが手掛けた『みる・よむ・きく 南の島ことば絵本―竹富島― 星砂の話』
内盛スミ・山本史・中川奈津子『星砂の話』（ひつじ書房、2021）

ないと思っています」

今はさらに青森も訪れ、青森の方言についても研究をしている。方言を比較《ひかく》することによって新たな気づきや発見を得られるかもしれない。

「話しことばは、口に出したら消すことはできないので、そのまま話を進めるしかありません。人間の考えていることをリアルタイムに反映している点が、話しことばのおもしろいところ。無意識な日常会話から、なんでだろうという疑問がわき、調べ始められるのが言語学の魅力《みりょく》だと思います」

中川さんの昔と今の学び

Q どんな子どもだった?

『週刊少年ジャンプ』が好きでしたね。とくに「スラムダンク」を好んで読んでいました。幼稚園《ようちえん》の先生に本を読んでもらったことがきっかけで、冒険《ぼうけん》小説などもよく読んでいました。

Q 国語をどのように勉強していた?

中学生のときまでこれといった勉強はしていなかったと思います。高校生になり古文と漢文をすらすら読めるようになるまで読んでいました。先生に丸暗記を勧《すす》められてのことです。

Q 好きだった教科や活動は?

高校に「古典特論」という選択《せんたく》の授業があって、先生が語る「古事記《こじき》」のお話を楽しく聞いていました。同じ授業で、好きなことを調べて発表することがあり、今の日本の歌の歌詞に出てくる「神様」と、古事記の時代の神の比較《ひかく》をしました。先生からほめてもらえました。

Q 今は何をどう学んでいる?

研究に役立てるために統計学を学んでいます。それに確率や微分《びぶん》積分、行列などの数学も。高校時代は理解できないこともありましたが、今はオンラインで自分に合った学び方をしています。

言語学者の専門性

Q どうすればなれる?

外国語の研究者になるには大学の外国語学部などで外国語を習得し、大学院へ進んでさらにその外国語を研究対象にもしていく。日本語の研究者になるには、大学時代「日本語学」を学ぶことが直接の道といえるが、学べる学部は文学部だったり外国語学部だったりさまざま。どちらも大学院の博士課程に進んで博士号を得れば、職業としての言語学者の入り口に立てる。

Q 何を勉強しておくとよい?

ことばの構造やルールなどを見つけたりするので、法則性のあるものごとを勉強すると役立つ点はありそうだ。たとえば、国語や英語での文法、数学での公式、物理での法則など。

Q ほかに大切なことは?

ふだんからことばに敏感《びんかん》であることは、言語学者として活躍《かつやく》するための大切な能力や素質といえる。対話での言い間違《まちが》いに気づいたり、なじみない表現が気になったりするだろうか。

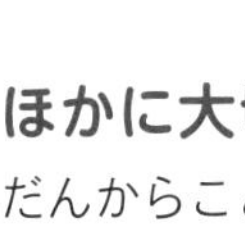

めざせ、自分のレベルアップ!

文法力	分析力	ことばへの敏感さ

PICK UP

ことばをより理解するための国語

ことばに存在する法則を求める

中学や高校で習う国語と、言語学の研究はどう関係しているのだろう。言語学者の中川奈津子さんによると、実は「言語学は学校で習わないものだから、言語学者になる人は多くない」とよく言われているとのこと。思うほど、国語と言語学研究の関係性は強くはないように聞こえる。

「ただし、英語の授業でＳＶＯＣ（主語・動詞・目的語・補語）といった文法を習いますよね。高校までの授業では、あれがいちばん言語学に近いかなと思います」

国語でも、古文で、それに現代文でも、文法を習うだろう。ふだん使っていることばがどのように成り立っているのかを理解するという点では、**英語それに国語の文法への興味は、言語学の研究につながっていきそうだ。**

■日本語の文法のあらまし

◉ことばの大きさごとの単位

文章：ひとまとまりの統一ある表現の単位
　段落：文章をまとまりで分けた単位
　　文：完結した内容を表す最小単位
　　　文節：言語として不自然でない区切りの最小単位
　　　　単語：意味的なはたらきや文法的なはたらきをもつ最小単位

◉品詞の分類

- すべての単語
  - 自立語
    - 活用する
      - 述語になる
        - う段で終わる ― 動詞
        - いで終わる ― 形容詞
        - だ・ですで終わる ― 形容動詞
    - 活用しない
      - 主語になる ― 名詞
      - 修飾語になる
        - 用言を修飾する ― 副詞
        - 体言を修飾する ― 連体詞
      - 修飾語にならない
        - 接続語になる ― 接続詞
        - 独立語になる ― 感動詞
  - 付属語
    - 活用する ― 助動詞
    - 活用しない ― 助詞

「学校で習う文法は、こういうものだと先生から教わって習うだけということが多いと思います。それに対して、言語学の研究では自分で法則を見つけようとしたり、なぜこの助詞が使われるのだろうと疑問を抱《いだ》いたりする。この点が楽しいところです」

基本的な国語力も大切

もちろん中学や高校での国語の勉強は、より基本的なところで、言語学の研究に役立つ。**読む・聞く・書く・話すといった国語の力がなければ、研究の対象とする会話の中身を理解したり、論文を読ん**

だり書いたりするのもままならない。それに、江戸時代の話しことばなど、昔《むかし》の人が使っていた言語を研究しようとすれば、**古典で単語の意味や作品の背景などを知っておいたこと**などがプラスになるはずだ。

数学などの分野との結びつきも

言語学の研究者たちは、それぞれに使うのを得意としているツールをもっていて、それを使いながら研究を進めているとも中川さんは言う。たとえば、「計算言語学」とよばれる分野では、数学の統計や確率の手だてを使うなどして、対象とする言語の分析《ぶんせき》をしていく。中川さんも、ものごとを科学的に考えることは研究に欠かせないと考え、**学校での理科や数学の大切さ**を強調する。だから、統計学などの数学も学んでいるところだという。

べつの分野で研究をしていた人が、言語学の世界に足を踏《ふ》み入れるというケースも多いという。「ほかの研究をしながらも、根本にはことばに対する興味がみなさんあって、何かのきっかけで『やっぱりおもしろいのでは』と気づいて、言語学の研究を

■言語学の分類

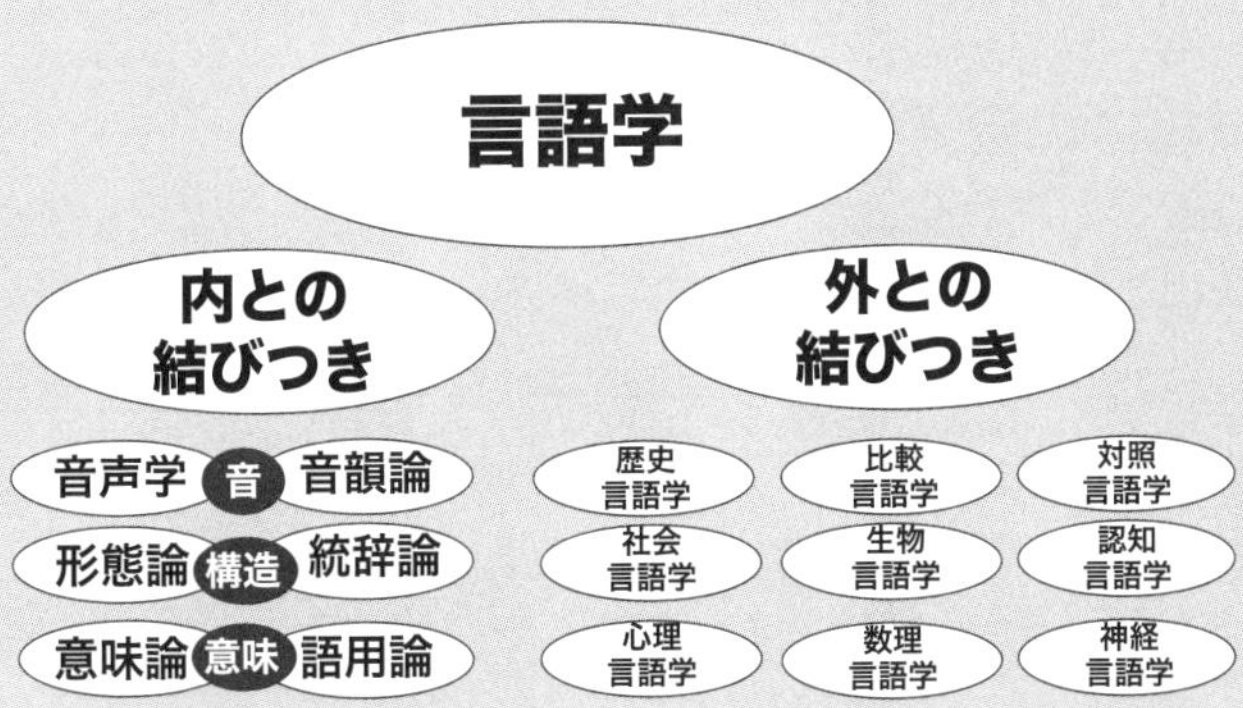
言語学
内との結びつき
外との結びつき
音声学
音
音韻論
形態論
構造
統辞論
意味論
意味
語用論
歴史言語学
比較言語学
対照言語学
社会言語学
生物言語学
認知言語学
心理言語学
数理言語学
神経言語学

始めるのではないでしょうか」

あなたのことばも研究対象だ

実はこの本を読んでくれている中学生や高校生のみなさんが話すことばも、言語学の研究では注目の的といえる。なぜなら、つぎつぎと新しいことばを創りだし、それを流行らせたり日常づかいしたりしているのだから。ことばづくりと言葉づかいの能力は、大人よりみなさんのほうがはるかに長《た》けている。

たとえ言語学者にならなくても、ぜひことばを見つめ、大切にしてほしい。

ことばへの探究編

外国語の言語学者

母語でない言語について、音韻《おんいん》（音声）・文法・語彙《ごい》（単語の総体）などの特徴《とくちょう》を研究する。外国語のことを研究するために母語と比較《ひかく》することも多い。言語と深い関係にある、その地域の文化なども研究対象となる。また、大学に所属している研究者は、自分が研究している外国語を学生たちに教える機会も多くある。

辞書編纂《へんさん》者

辞書をつくる。出版社の編集者である場合が多い。常に新しい言葉に敏感《びんかん》でいる。

日本語教師

日本語を習得しようとする人たちに教える。日本語について学んだり気づいたりも。

文章生成 AI 開発者

Chat《チャット》GPT のような文章を創る人工知能を研究・開発する。数学力も重要。

校閲《こうえつ》者

原稿《げんこう》に誤りや不備がないかを確かめ、あれば指摘《してき》する。出版社社員もフリーランスも。

こんな仕事もある!

文学者

詩歌や小説などの作品や作者について研究をする。言語学者が言語そのものを研究対象とするのに対し、文学者は言語をなかだちとした芸術を研究対象とする。一人の作家や、ある限られた時代の作品に対して深く研究をすることが多い。自分自身が作家・小説家・詩人などとして文学作品を世の中に発表することもある。

言語聴《ちょう》覚《かく》士《し》

言語障害や聴覚《ちょうかく》障害のある人に検査・指導・訓練などをする。国家試験の合格が必要。

暗号作成者・解読者

当事者の間でのみ読むことのできる記号や文字をつくる。暗号解読者はそれを見破る。

言語人類学者

人類や文化を研究する人類学の立場から、言語学についての知識を理解しようとする。

通訳

異なる国語を話す人や言語の不自由な人の間に立ち、訳して、意思が通じるようにする。

10代の挑戦！ことばへの探究編

❶ 見聞きしたことない表現を探す

自分が使ったことのない表現に、本、新聞、インターネットなどにふれているなかで出合うことができる。知らなかった表現に出合ったら書きとめておこう。その表現の由来を調べるとさらにことばへの興味が増すことだろう。

❷「日本語の誤り」について考える

インターネットなどで「よくある日本語の誤り」の例が出てくる。たとえば「役不足」「確信犯」「敷居《しきい》が高い」などだ。けれども、多くの人がもともとと異なる意味で使うようになれば、その言葉づかいはもはや誤りとはいえないといった考え方もある。日本語の正しさや誤りとはなんだろう。友だちと意見を交わしてみよう。

❸「言語学オリンピック」にチャレンジする

未知の言語を解読する能力を競う「言語学オリンピック」という大会がある。パズルを解くような感じで、言語の法則を解明し、成績を競う。過去の問題をインターネットで見ることもできるので解いてみて、興味があれば参加してみよう。

あとがき

私たちはふだんから日本語を使っています。それだけに、『国語の時間』としてこの本で日本語の使い方を紹介《しょうかい》しても、みんながもう知っている、ありきたりの内容になってしまわないか、最初は不安でした。

ですが、いざ取材が始まると「日本語を使うというのはこんなにも奥《おく》が深いのか」と驚《おどろ》くことの連続でした。その興奮《こうふん》を少しでも分かち合えたなら、うれしく思います。

本書をまとめるにあたっては、誌面にご登場いただいた、こまつあやこさん、鈴木峻汰さん、久富達也さん、煤田泉さん、長沼祥子さん、寺嶋良さん、中川奈津子さんや、その取材の調整をしてくださったみなさまに、たくさんのお力添《ちからぞ》えをいただきました。この場を借りてお礼申し上げます。ありがとうございました。

著者

［著者紹介］

松井大助（まつい だいすけ）

フリーランスライター。1976年生まれ。編集プロダクションを経て独立。医療・法律・会計・福祉等の専門職から企業や官公庁の仕事まで、多様な職業紹介の本を手がける。教育誌『キャリアガイダンス』（リクルート）では「教科でキャリア教育」の連載を10年担当。著書に『５教科が仕事につながる！』『会社で働く』（ともにぺりかん社）など。

漆原次郎（うるしはら じろう）

フリーランス記者。1975年生まれ。出版社で８年にわたり理工書を編集したあと、フリーランス記者に。科学誌や経済誌などに科学・技術などの分野を中心とする記事を寄稿している。早稲田大学大学院科学技術ジャーナリスト養成プログラム修了。著書に『大学学部調べ 工学部』『大学学部調べ 情報学部』（ともにぺりかん社）など。

なるにはBOOKS 教科《きょうか》と仕事《しごと》

国語《こくご》の時間《じかん》 学校《がっこう》の学《まな》びを社会《しゃかい》で活《い》かせ！〔新版《しんぱん》〕

2023年 6月20日 初版第1刷発行

著者 松井大助 漆原次郎

発行者 廣嶋武人

発行所 株式会社ぺりかん社
〒113-0033 東京都文京区本郷1-28-36
TEL 03-3814-8515（営業）
03-3814-8732（編集）
http://www.perikansha.co.jp/

印刷・製本所 株式会社太平印刷社

ISBN978-4-8315-1644-2 Printed in Japan

＊「なるには BOOKS」シリーズは重版の際、最新の情報をもとに、データを更新しています。

【なるにはBOOKS】

税別価格 1170円〜1700円

1——パイロット
2——客室乗務員
3——ファッションデザイナー
4——冒険家
5——美容師・理容師
6——アナウンサー
7——マンガ家
8——船長・機関長
9——映画監督
10——通訳者・通訳ガイド
11——グラフィックデザイナー
12——医師
13——看護師
14——料理人
15——俳優
16——保育士
17——ジャーナリスト
18——エンジニア
19——司書
20——国家公務員
21——弁護士
22——工芸家
23——外交官
24——コンピュータ技術者
25——自動車整備士
26——鉄道員
27——学術研究者(人文・社会科学系)
28——公認会計士
29——小学校教諭
30——音楽家
31——フォトグラファー
32——建築技術者
33——作家
34——管理栄養士・栄養士
35——販売員・ファッションアドバイザー
36——政治家
37——環境専門家
38——印刷技術者
39——美術家
40——弁理士
41——編集者
42——陶芸家
43——秘書
44——商社マン
45——漁師
46——農業者
47——歯科衛生士・歯科技工士
48——警察官
49——伝統芸能家
50——鍼灸師・マッサージ師
51——青年海外協力隊員
52——広告マン
53——声優
54——スタイリスト
55——不動産鑑定士・宅地建物取引主任者
56——幼稚園教諭
57——ツアーコンダクター
58——薬剤師
59——インテリアコーディネーター
60——スポーツインストラクター
61——社会福祉士・精神保健福祉士
62——中小企業診断士
63——社会保険労務士
64——旅行業務取扱管理者
65——地方公務員
66——特別支援学校教諭
67——理学療法士
68——獣医師
69——インダストリアルデザイナー
70——グリーンコーディネーター
71——映像技術者
72——棋士
73——自然保護レンジャー
74——力士
75——宗教家
76——CGクリエータ
77——サイエンティスト
78——イベントプロデューサー
79——パン屋さん
80——翻訳家
81——臨床心理士
82——モデル
83——国際公務員
84——日本語教師
85——落語家
86——歯科医師
87——ホテルマン
88——消防官
89——中学校・高校教師
90——動物看護師
91——ドッグトレーナー・犬の訓練士
92——動物園飼育員・水族館飼育員
93——フードコーディネーター
94——シナリオライター・放送作家
95——ソムリエ・バーテンダー
96——お笑いタレント
97——作業療法士
98——通関士
99——杜氏
100——介護福祉士
101——ゲームクリエータ
102——マルチメディアクリエータ
103——ウェブクリエータ
104——花屋さん
105——保健師・養護教諭
106——税理士
107——司法書士
108——行政書士
109——宇宙飛行士
110——学芸員
111——アニメクリエータ
112——臨床検査技師
113——言語聴覚士
114——自衛官
115——ダンサー
116——ジョッキー・調教師
117——プロゴルファー
118——カフェオーナー・カフェスタッフ・バリスタ
119——イラストレーター
120——プロサッカー選手
121——海上保安官
122——競輪選手
123——建築家
124——おもちゃクリエータ
125——音響技術者
126——ロボット技術者
127——ブライダルコーディネーター
128——ミュージシャン
129——ケアマネジャー
130——検察官
131——レーシングドライバー
132——裁判官
133——プロ野球選手
134——パティシエ
135——ライター
136——トリマー
137——ネイリスト
138——社会起業家
139——絵本作家
140——銀行員
141——警備員・セキュリティスタッフ
142——観光ガイド
143——理系学術研究者
144——気象予報士・予報官
145——ビルメンテナンススタッフ
146——義肢装具士
147——助産師
148——グランドスタッフ
149——診療放射線技師
150——視能訓練士
151——バイオ技術者・研究者
152——救急救命士
153——臨床工学技士
154——講談師・浪曲師
155——AIエンジニア
156——アプリケーションエンジニア
157——土木技術者
158——化学技術者・研究者
159——航空宇宙エンジニア
学部調べ 看護学部・保健医療学部
学部調べ 理学部・理工学部
学部調べ 社会学部・観光学部
学部調べ 文学部
学部調べ 工学部
学部調べ 法学部
学部調べ 教育学部
学部調べ 医学部
学部調べ 経営学部・商学部
学部調べ 獣医学部
学部調べ 栄養学部
学部調べ 外国語学部
学部調べ 環境学部
学部調べ 教養学部
学部調べ 薬学部
学部調べ 国際学部
学部調べ 経済学部
学部調べ 農学部
学部調べ 社会福祉学部
学部調べ 歯学部
学部調べ 人間科学部
学部調べ 生活科学部・家政学部
学部調べ 芸術学部
学部調べ 情報学部

※一部品切・改訂中です。 2023.01.